CLEAN
— EATING —

DIE BESTEN REZEPTE

02

01

03

04

INHALT

01
FRÜHSTÜCK

BUCHWEIZENMÜSLI
UND MANDELMÜSLI

ZUBEREITUNG BUCHWEIZENMÜSLI

01. Für das Buchweizenmüsli den Kamutschrot am Vorabend in einer Schüssel mit 320 ml Wasser mischen und über Nacht quellen lassen.

02. Am nächsten Tag den Apfel waschen, vierteln, entkernen und grob reiben. Die Apfelraspel mit Zitronensaft beträufeln. Den Buchweizen in einer Pfanne ohne Fett rösten, bis er zu duften beginnt.

03. Die Beeren verlesen, waschen und trocken tupfen. Den Joghurt mit dem geriebenen Apfel verrühren und auf Schälchen verteilen. Kamutschrot und Beeren darauf verteilen und mit dem Ahornsirup beträufeln. Den gerösteten Buchweizen darüberstreuen und servieren.

**ZUTATEN
FÜR 4 PERSONEN**

+ **200 g geschroteter Kamut**
+ **1 rotschaliger Apfel**
+ **3 EL Zitronensaft**
+ **4 EL Buchweizen**
+ **300 g gemischte Beeren**
   (z.B. Heidel-, Johannis-,
   und Himbeeren)
+ **400 g Naturjoghurt**
+ **1–2 EL Ahornsirup**

ZUBEREITUNG MANDELMÜSLI

01. Für das Mandelmüsli den Kamutschrot am Vorabend in einer Schüssel mit 320 ml Wasser mischen und über Nacht quellen lassen.

02. Am nächsten Tag die Grapefruit halbieren und eine Hälfte auspressen. Die andere Hälfte so großzügig schälen, dass die weiße Haut mit entfernt wird, Filets zwischen den einzelnen Trennhäuten herausschneiden und in Stücke schneiden. Den Apfel waschen, vierteln, entkernen und grob reiben. Apfelraspel mit dem Grapefruitsaft mischen. Mandeln in einer Pfanne ohne Fett hell rösten. Trauben waschen, halbieren und nach Belieben entkernen.

03. Joghurt mit geriebenem Apfel mischen und auf Schälchen verteilen. Kamutschrot, Trauben, Grapefruit und Mandeln darübergeben. Mit Ahornsirup beträufeln und servieren.

**ZUTATEN
FÜR 4 PERSONEN**

+ **200 g geschroteter Kamut**
+ **1 Grapefruit**
+ **1 rotschaliger Apfel**
+ **50 g gehackte Mandeln**
+ **300 g gemischte Trauben**
+ **400 g Naturjoghurt**
+ **1–2 EL Ahornsirup**

QUINOA-FRÜHSTÜCK
MIT HEIDELBEEREN

ZUBEREITUNG

01. Den Haferdrink in einem Topf zugedeckt zum Kochen bringen.

02. Inzwischen die Quinoa auf einem feinen Sieb abbrausen und mit 1 Prise Salz und dem Haferdrink aufkochen. Alles bei schwacher Hitze 20 bis 25 Minuten garen, bis die Körner die Flüssigkeit vollständig aufgesogen haben.

03. Währenddessen die Heidelbeeren verlesen, waschen und trocken tupfen. Den Topf vom Herd nehmen, die Quinoa mit Ahornsirup und Zitronenschale verrühren und auf Gläser oder Schälchen verteilen.

04. Die Heidelbeeren daraufgeben, die Haselnussblättchen darüberstreuen und das Quinoa-Frühstück noch warm servieren.

TIPP — *Das Quinoa-Frühstück schmeckt auch gut mit 2 EL Crème légère — einfach zusätzlich unter die gegarte Quinoa rühren. Wer möchte, würzt noch mit 1 Prise Zimtpulver, gemahlenem Anis oder gemahlener Vanille.*

ZUTATEN
FÜR 4 PERSONEN

+ ½ l Haferdrink
+ 200 g Quinoa
+ Salz
+ 500 g Heidelbeeren
+ 4 EL Ahornsirup
+ etwas abgeriebene Bio-Zitronenschale
+ 4 EL Haselnussblättchen

CHIA-KNUSPERMÜSLI
MIT ANANAS

ZUBEREITUNG

01. Am Vortag die Chiasamen in einer Schüssel mit dem Kokoswasser verrühren. 10 Minuten quellen lassen, nochmals umrühren und zugedeckt 12 Stunden – am besten über Nacht – im Kühlschrank quellen lassen.

02. Am nächsten Morgen die Mandeln fein hacken. Das Kokosöl in einer Pfanne bei schwacher Hitze zerlassen, bis es flüssig ist.

03. Die Haferflocken, Mandeln, 2 EL Kokosraspel und den Kokosblütenzucker dazugeben und alles unter Wenden 3 bis 4 Minuten rösten. Anschließend die Masse aus der Pfanne nehmen, kurz abkühlen lassen und bei Bedarf etwas zerbröckeln.

04. Die Ananas schälen, vierteln, den Strunk herausschneiden und das Fruchtfleisch in feine Würfel schneiden. Den Chiapudding aus dem Kühlschrank nehmen und gut umrühren. Abwechselnd mit Knuspermüsli, Ananas und Sojaghurt in Gläser oder Schalen schichten. Die Datteln längs aufschneiden, entsteinen und in kleine Würfel schneiden. Mit den übrigen Kokosraspeln auf das Chia-Knuspermüsli streuen und servieren.

ZUTATEN
FÜR 4 PERSONEN

+ **3 gehäufte EL Chiasamen**
+ **¼ l Kokoswasser**
+ **60 g Mandeln**
+ **2 EL natives Kokosöl**
+ **6 EL kernige Haferflocken**
+ **3 EL Kokosraspel**
+ **4 TL Kokosblütenzucker**
+ **500 g Ananas**
+ **500 g Sojaghurt**
+ **2 frische Datteln**

———

TIPP — *Chiasamen bekommen mit Flüssigkeit eine gelartige Konsistenz. Statt wie hier in Kokoswasser kann man sie auch einfach in Wasser quellen lassen. Oder man weicht sie in Mandel-, Hafer- oder Sojadrink bzw. ungezuckertem Fruchtsaft ein. Damit die Samen keine Klümpchen bilden, den Pudding nach 10 Minuten Quellzeit nochmals durchrühren. Wenn es schnell gehen muss, kann man Chiasamen auch sofort verwenden oder nur 10 Minuten einweichen. Ihre wertvollen Nährstoffe sind allerdings besser verfügbar, wenn die Samen über Nacht quellen konnten.*

QUINOA-MÜSLI
MIT APRIKOSEN UND HIMBEEREN

ZUTATEN FÜR 4 PERSONEN

+ **150 g Quinoa**
+ **1 Orange**
+ **150 g Aprikosen**
+ **150 g Himbeeren**
+ **4 getrocknete Softaprikosen**
+ **40 g Walnusskerne**
+ **4 TL Ahornsirup**
+ **¼ TL gemahlene Vanille**
+ **8 EL Sojasahne**

ZUBEREITUNG

01. Die Quinoa auf einem feinen Sieb abbrausen und gut abtropfen lassen. Die Orange halbieren, auspressen und den Saft mit Wasser auf 300 ml auffüllen. Die Mischung in einem Topf zum Kochen bringen, die Quinoa einstreuen und zugedeckt bei schwacher Hitze 15 bis 20 Minuten garen. Vom Herd nehmen und offen abkühlen lassen.

02. Inzwischen die frischen Aprikosen waschen, halbieren, entsteinen und in Spalten schneiden. Die Himbeeren verlesen, waschen und trocken tupfen. Die Softaprikosen in feine Streifen schneiden. Die Walnüsse grob hacken.

03. Die Softaprikosen und zwei Drittel der frischen Aprikosen und Himbeeren sowie die Nüsse mit Ahornsirup und Vanille unter die Quinoa mischen.

04. Das Quinoa-Müsli auf Schalen verteilen. Die übrigen Früchte daraufsetzen und mit je 2 EL Sojasahne beträufeln und servieren.

HIRSEBREI
MIT BEEREN

ZUTATEN FÜR 4 PERSONEN

- + **160 g Hirse**
- + **40 g geschroteter Buchweizen**
- + **4 EL getrocknete Cranberrys**
- + **2 Birnen (à ca. 150 g)**
- + **200 g gemischte Beeren (z. B. Erdbeeren, Heidelbeeren, Himbeeren)**
- + **50 g Mandeln**
- + **1 EL Pistazienkerne**
- + **300 g Naturjoghurt**
- + **4 TL flüssiger Honig**

ZUBEREITUNG

01. Die Hirse mit dem Buchweizenschrot und den Cranberrys in einen Topf geben. Mit 800 ml Wasser auffüllen, aufkochen und zugedeckt bei schwacher Hitze 10 Minuten quellen lassen.

02. Inzwischen die Birnen waschen, vierteln, entkernen und quer in dünne Scheiben schneiden. Die Beeren je nach Sorte verlesen, waschen, putzen und trocken tupfen, Erdbeeren je nach Größe halbieren oder vierteln. Die Mandeln und Pistazien grob hacken.

03. Den Hirse-Buchweizen-Brei vom Herd nehmen und etwas abkühlen lassen. Dann den Joghurt, die Birnenscheiben und zwei Drittel der Beeren unter den Hirsebrei heben.

04. Den Hirsebrei in Schalen oder tiefen Tellern anrichten und mit den übrigen Beeren, den Mandeln und den Pistazien bestreuen. Mit dem Honig beträufeln und servieren.

OVERNIGHT-OATS
MIT KOKOS UND ANANAS

ZUBEREITUNG

01.   Am Vorabend die Flocken mit Kokosraspeln, Hanf-samen, Cranberrys und dem Kokosdrink in einem ver-schließbaren Gefäß mischen und über Nacht im Kühl-schrank ziehen lassen.

02.   Am nächsten Tag die Orangen mit einem scharfen Messer so großzügig schälen, dass auch die weiße Haut mit entfernt wird. Die Orangen vierteln und in feine Schei-ben schneiden. Das Ananasfruchtfleisch ebenfalls in feine Scheiben schneiden.

03.   Die Overnight-Oats durchrühren, auf Schälchen ver-teilen und das Obst darauf anrichten. Mit den Kakaonibs bestreut servieren.

TIPP — *Ob einen im Sommer gerade saftige Pfirsiche an-lachen oder im Herbst Zwetschgen und Trauben — kein Problem: Das Topping dieses Müslis kann man ganz nach Angebot, Lust und Laune variieren.*

ZUTATEN
FÜR 4 PERSONEN

+ **12 EL Flocken**
  (z.B. Quinoaflocken)
+ **6 EL Kokosraspel**
+ **2 EL Hanfsamen**
+ **4 EL getrocknete Cranberrys**
+ **360 ml Kokosdrink**
+ **2 Orangen**
+ **240 g Ananasfruchtfleisch**
+ **2 EL Kakaonibs**

OVERNIGHT-OATS
MIT MANDELDRINK UND BEEREN

ZUBEREITUNG

01. Am Vorabend die Flocken mit Leinsamen, Rosinen, 2 EL Erdmandel- oder Haselnussblättchen, Vanillemark, Mandeldrink und nach Belieben 1 EL Honig oder Ahornsirup in einem verschließbaren Gefäß mischen. Die Mischung im Kühlschrank über Nacht ziehen lassen.

02. Am nächsten Tag die Äpfel waschen, vierteln und die Kerngehäuse entfernen. Die Viertel grob raspeln, mit dem Zitronensaft mischen und unter die Flockenmischung rühren. Die Oats auf Schälchen verteilen.

03. Die Beeren waschen, trocken tupfen und auf den Oats verteilen. Die Pistazien grob hacken, mit dem Weizen- oder Gerstengraspulver und den übrigen Erdmandel- oder Haselnussblättchen auf die Oats streuen und servieren.

———

TIPP — *Was lange währt, wird Superfood: Leinsamen hat ähnliche Quelleigenschaften wie Chia und steht dem Maya-Superkorn in Sachen gesunder Wirkstoffe in nichts nach. Damit die Leinsamen ihre Wirkung voll entfalten, sollte man sie am besten schroten.*

ZUTATEN
FÜR 4 PERSONEN

+ 8 EL Drei-Korn-Flocken
+ 2 EL (Gold-)Leinsamen
+ 2 EL Rosinen
+ 6 EL Erdmandel- oder Haselnussblättchen
+ Mark von ½ Vanilleschote
+ 250 ml Mandeldrink
+ 2 kleine Äpfel
+ 2 TL Zitronensaft
+ 250 g gemischte Beeren
+ 2 EL Pistazienkerne
+ 2 gestr. TL Weizen- oder Gerstengraspulver (aus dem Bioladen)

OMELETT
MIT RÄUCHERLACHS

ZUTATEN FÜR 4 PERSONEN

FÜR DIE OMELETTS:
+ **12 Eier • 120 ml Milch • Salz**
+ **frisch geriebene Muskatnuss**
+ **4 EL Butter**

FÜR DEN KRÄUTERSALAT:
+ **80 g Kräuterblätter (z.B. Petersilie, Staudensellerieblätter, Basilikum, Kerbel, Dill)**
+ **4 TL Zitronensaft**
+ **4 Msp. abgeriebene Bio-Zitronenschale**
+ **4 EL Leinöl**
+ **Salz • Pfeffer aus der Mühle**
+ **8 Scheiben Räucherlachs**

ZUBEREITUNG

01. Für die Omeletts die Eier mit der Milch in einer Schüssel mit dem Schneebesen verquirlen. Mit Salz und 1 Prise Muskatnuss würzen.

02. Für den Kräutersalat die Kräuterblätter waschen und trocken schleudern. Zitronensaft, Zitronenschale und das Leinöl verrühren und mit Salz und Pfeffer würzen. Die Kräuterblätter mit der Marinade mischen.

03. Die Butter in einer Pfanne bei mittlerer Hitze zerlassen. Aus der Eiermasse nacheinander 4 Omeletts backen. Dazu ein Viertel der Eiermasse in die Pfanne gießen und das Omelett ohne Rühren stocken lassen, dann zusammenklappen und auf einen vorgewärmten Teller stürzen. Auf diese Weise 3 weitere Omeletts backen. Die Räucherlachsscheiben auf den Omeletts anrichten und den Kräutersalat als Häufchen darauf- oder danebensetzen.

OMELETT
MIT BEEREN UND RICOTTA

ZUTATEN FÜR 4 PERSONEN

+ **500 g gemischte Beeren (z.B. Erdbeeren, Heidelbeeren und Himbeeren)**
+ **4 Stiele Minze**
+ **250 g Ricotta**
+ **je 1 TL Zitronensaft und fein abgeriebene Bio-Zitronenschale**
+ **3 EL Honig**
+ **8 Eier**
+ **Salz**
+ **150 ml Milch**
+ **4 EL Mandelmehl**
+ **4 TL Öl zum Braten**
+ **Puderzucker aus Rohrohrzucker**

ZUBEREITUNG

O1. Die Beeren je nach Sorte verlesen, waschen und putzen, Erdbeeren vierteln. Die Minze waschen und trocken schütteln, die Spitzen abzupfen und für die Dekoration beiseitelegen. Von der restlichen Minze die Blätter abzupfen und fein schneiden. Ricotta mit Zitronensaft und -schale sowie 2 TL Honig glatt rühren. Geschnittene Minze und die Hälfte der Beeren unterheben.

O2. Die Eier trennen. Die Eiweiße mit 1 Prise Salz zu steifem Schnee schlagen. Eigelbe, Milch, Mandelmehl und restlichen Honig in einer großen Schüssel verrühren. Eischnee portionsweise dazugeben und unterheben.

O3. In einer großen Pfanne 1 TL Öl erhitzen. Ein Viertel der Omelettmasse hineingeben und mit einem Viertel der übrigen Beeren bestreuen. Zugedeckt bei mittlerer Hitze etwa 5 Minuten stocken lassen. Sobald die Oberfläche gestockt ist, ein Viertel der Ricottamasse auf eine Omeletthälfte geben. Die nicht belegte Hälfte darüberklappen. Das Omelett noch 2 bis 3 Minuten weiterbacken, dann vorsichtig aus der Pfanne auf einen vorgewärmten Teller gleiten lassen und warm halten, z.B. im Backofen bei 70°C. Aus den restlichen Zutaten auf dieselbe Weise 3 weitere Omeletts backen. Vor dem Servieren mit Puderzucker bestäuben.

LINSENAUFSTRICH
MIT SÜSSKARTOFFELN

ZUBEREITUNG

01. Die Zwiebel und den Knoblauch schälen und in feine Würfel schneiden. Die Süßkartoffeln schälen und ebenfalls in feine Würfel schneiden.

02. Das Olivenöl in einem Topf erhitzen und Zwiebel und Knoblauch darin andünsten. Die Süßkartoffeln hinzufügen, mit Curry und Kurkuma bestäuben und kurz mitdünsten. Die Brühe dazugießen und die Linsen einstreuen. Alles aufkochen und zugedeckt bei mittlerer Hitze 10 bis 12 Minuten köcheln lassen, dabei ab und zu umrühren.

03. Die Linsen-Süßkartoffel-Mischung abgießen und mit dem Zitronensaft in einen hohen Rührbecher geben. Mit dem Stabmixer glatt pürieren und mit Salz und Pfeffer würzen. Den Aufstrich zugedeckt 30 Minuten kühl stellen, dann nochmals abschmecken und in eine Schale oder in ein Glas füllen.

04. Inzwischen die Spitzpaprika längs halbieren, entkernen, waschen und in feine Würfel schneiden. Die Kresse vom Beet schneiden, waschen und trocken tupfen. Mit den Paprikawürfeln über den Aufstrich streuen. Der Linsenaufstrich schmeckt besonders gut auf Dinkelvollkornbrot oder -brötchen.

ZUTATEN
FÜR 4 PERSONEN

+ 1 Zwiebel
+ 1 Knoblauchzehe
+ 250 g Süßkartoffeln
+ 2 EL Olivenöl
+ 1 TL Currypulver
+ ½ TL gemahlene Kurkuma
+ 200 ml Gemüsebrühe
+ 100 g rote Linsen
+ 2–3 EL Zitronensaft
+ Salz • Pfeffer aus der Mühle
+ 1 rote Spitzpaprikaschote
+ ½ Kästchen Gartenkresse

TIPP — *Der Linsenaufstrich hält sich in einem geschlossenen Glas oder Gefäß im Kühlschrank 3 bis 4 Tage. Wer ihn nicht täglich aufs Brot streichen möchte, kann den Aufstrich auch als Dip zu Gemüsesticks servieren.*

RUCOLA-SMOOTHIE
MIT PFIRSICH

ZUBEREITUNG

01. Die Orangen halbieren und auspressen. Die Pfirsiche waschen, halbieren und entsteinen. Den Rucola verlesen, waschen und trocken schleudern.

02. Den Spitzwegerich, die Kapuzinerkresse und das Johanniskraut waschen. Die Blüten und Blätter von den Stielen des Johanniskrauts zupfen.

03. Alle vorbereiteten Zutaten, Spirulina und Mineralwasser im Küchenmixer zunächst auf niedriger Stufe, dann auf hoher Stufe 30 Sekunden mixen. Den Rucola-Smoothie auf Gläser verteilen und nach Belieben mit Spitzwegerich dekorieren.

ZUTATEN
FÜR 4 PERSONEN

+ **2 Orangen**
+ **3 Pfirsiche**
+ **30 g Rucola**
+ **6 Blätter Spitzwegerich**
+ **4 Blätter Kapuzinerkresse**
+ **3 Stiele Johanniskraut**
+ **¾ TL Spirulinapulver (aus dem Bioladen)**
+ **350 ml Mineralwasser ohne Kohlensäure**

TIPP — *Rucola eignet sich mit seinem frischen, würzigen und scharfen Aroma zum Aufpeppen von Blattsalaten und wird auch gerne für die Zubereitung von Pesto verwendet. Im Smoothie ist er etwas ganz Besonderes, denn mit seinem hohen Jodgehalt und den kräftigen Senfölen unterstützt er nicht nur die Funktion der Schilddrüse, sondern ist auch antibakteriell und keimtötend. Das unkomplizierte Kraut gedeiht an sonnigen Plätzen und sät sich von alleine aus, sodass man jedes Jahr aufs Neue seine aromatischen Blätter — am besten vor der Blütezeit — ernten kann.*

ERDBEER-KOKOS-SMOOTHIE
MIT AHORNSIRUP

ZUTATEN FÜR 4 PERSONEN

+ 600 ml Mineralwasser ohne Kohlensäure
+ 150 g Kokosraspel
+ 40 g Rote Bete
+ 250 g Erdbeeren
+ 4 EL Ahornsirup

ZUBEREITUNG

01. Das Mineralwasser und die Kokosraspel im Küchenmixer zunächst auf niedriger Stufe, dann auf hoher Stufe 1 Minute mixen. Anschließend durch einen Nussmilchbeutel oder ein Passiertuch drücken (ergibt 625 ml Kokosdrink).

02. Die Rote Bete waschen, schälen und nochmals waschen (dabei am besten Einweghandschuhe tragen, da die Knollen stark abfärben). Die Erdbeeren waschen und putzen.

03. Den Kokosdrink, die Rote Bete, die Erdbeeren und den Ahornsirup im Küchenmixer zunächst auf niedriger Stufe, dann auf höchster Stufe 30 Sekunden cremig aufschlagen. Den Erdbeer-Kokos-Smoothie auf Gläser verteilen und genießen.

ANANAS-KOKOS-TRAUM
MIT WILDBLÜTEN

ZUTATEN FÜR 4 PERSONEN

+ ½ Ananas
+ 1 Handvoll Zitronenmelisse
+ 300 ml Kokosdrink (Grundrezept siehe S. 24)
+ 2 EL heller Agavendicksaft
+ 150 ml Mineralwasser ohne Kohlensäure
+ 1 Handvoll gemischte Wildblütenblätter (z. B. Kornblumen, Ringelblumen, Frauenmantelblüten, Rosenblüten, Kamillenblüten, Malven und Gänseblümchen)

ZUBEREITUNG

01. Die Ananas schälen, vierteln und den harten Strunk entfernen. Die Zitronenmelisse waschen und die Blätter von den Stielen zupfen.

02. Den Kokosdrink, die Ananas, die Zitronenmelisse, den Agavendicksaft und das Mineralwasser im Küchenmixer zunächst auf niedriger Stufe, dann auf höchster Stufe 20 Sekunden sehr fein mixen.

03. Die Blütenblätter von ihren Kelchen abzupfen. Drei Viertel der Blüten in den Mixer geben und auf niedrigster Stufe unterrühren. Den Ananas-Kokos-Traum auf Gläser verteilen und mit den restlichen Blüten bestreut servieren.

ALOE-SMOOTHIE
MIT KORIANDER

ZUBEREITUNG

01. Das durchsichtige Mark der Aloe vera aus der Blattrinde schneiden. Den Koriander waschen und die Blätter von den Stielen zupfen. Die Gurke waschen und in grobe Stücke schneiden.

02. Koriander, Aloe-vera-Mark und Gurke mit dem Sojaghurt, je 1 Prise Salz und Pfeffer sowie dem Mineralwasser im Küchenmixer zunächst auf niedriger Stufe, dann auf höchster Stufe fein mixen.

03. Den Aloe-Gurken-Smoothie abschmecken und bei Bedarf nochmals mit Salz und Pfeffer würzen, auf Gläser verteilen und sofort genießen.

TIPP — *Von dem Aloe-vera-Blatt wird für Smoothies lediglich das Mark verwendet, die grüne Rinde mit den Resten des fädenziehenden Gels bleibt übrig.*

ZUTATEN
FÜR 4 PERSONEN

+ **1 Blatt Aloe vera (ca. 6 cm lang)**
+ **1 kleines Bund Koriander (ca. 10 Stiele)**
+ **200 g Salatgurke**
+ **200 g Sojaghurt**
+ **Salz • Pfeffer aus der Mühle**
+ **¼ l Mineralwasser ohne Kohlensäure**

02

VEGETARISCHE GERICHTE

RADIESCHENSUPPE
MIT KRESSE

ZUBEREITUNG

01.   Die Schalotte schälen und in grobe Würfel schneiden. Die Radieschen putzen, waschen und klein schneiden. Die Butter in einem großen Topf erhitzen und die Schalotte darin andünsten. Die Radieschen dazugeben und alles mit der Brühe aufgießen.

02.   Kurz aufkochen und etwa 15 Minuten köcheln lassen. Die Sahne unterrühren und alle Zutaten mit dem Stabmixer fein pürieren. Mit Salz und Pfeffer würzen.

03.   Die Kresse waschen und trocken tupfen. Die Radieschensuppe nach Belieben warm oder kalt auf vier Tellern anrichten. Mit der Kresse und den Wiesenblumen garniert servieren.

———

TIPP — *Die Suppe können Sie mit Gänseblümchen aus dem Garten oder von der Wiese garnieren. Die hübschen Blüten sehen nicht nur dekorativ aus, sie sind auch essbar, ebenso wie die Blüten von Borretsch, Schnittlauch oder Rotklee.*

ZUTATEN
FÜR 4 PERSONEN

+ **1 Schalotte**
+ **2 Bund Radieschen**
+ **1 TL Butter**
+ **600 ml Gemüsebrühe**
+ **200 g Sahne**
+ **Salz • Pfeffer aus der Mühle**
+ **1 Handvoll Kresse**
+ **Wiesenblumen (siehe Tipp)**

EINTOPF
MIT SCHWARZKOHL

ZUBEREITUNG

01. Den Schwarzkohl waschen und trocken schütteln, dicke Stiele entfernen und die Blätter quer in 1 cm breite Streifen schneiden. Die Möhren putzen, schälen und in feine Würfel schneiden. Den Sellerie putzen, waschen und ebenfalls in kleine Würfel schneiden. Den Lauch putzen, längs halbieren und waschen, zuerst längs in feine Streifen, dann quer in kleine Stücke schneiden. Die Zwiebeln und 2 Knoblauchzehen schälen und in feine Würfel schneiden. Die Tomaten waschen und in kleine Würfel schneiden, dabei die Stielansätze entfernen. Den Thymian waschen und trocken schütteln, die Blättchen abzupfen und grob hacken.

02. In einem großen Topf 4 EL Olivenöl erhitzen und Möhren, Sellerie, Lauch, Zwiebeln und Knoblauch darin andünsten, bis sie leicht Farbe annehmen. Die Tomaten und die Hälfte des Thymians mitdünsten, bis die Flüssigkeit verdampft ist. Mit Salz und Pfeffer würzen, 1 l Wasser und den Schwarzkohl dazugeben. Das Gemüse zugedeckt bei schwacher Hitze etwa 40 Minuten weich garen.

03. Den Backofen auf 180 °C vorheizen. Die Bohnen in ein Sieb abgießen, dabei die Einlegeflüssigkeit auffangen. Die Bohnen in der Suppe mit erhitzen. Die übrigen Knoblauchzehen schälen, durchpressen und mit dem restlichen Olivenöl verrühren. Die Brote mit dem Knoblauchöl beträufeln und im Ofen auf der oberen Schiene etwa 10 Minuten goldbraun rösten. Die Brote in Suppenschalen legen.

04. Einen großen Schöpflöffel Gemüse in einem hohen Rührbecher mit dem Stabmixer pürieren. Das Püree unter den Eintopf rühren. Falls der Eintopf zu dickflüssig ist, etwas Bohneneinlegeflüssigkeit untermischen. Den übrigen Thymian unterrühren, mit Salz und Pfeffer abschmecken. Die Suppe über die Brotscheiben verteilen. Nach Belieben etwas Olivenöl über den Eintopf träufeln.

ZUTATEN
FÜR 4 PERSONEN

+ **700 g Schwarzkohlblätter (ersatzweise Wirsingblätter)**
+ **2 Möhren**
+ **2 Stangen Staudensellerie**
+ **200 g Lauch**
+ **2 Zwiebeln**
+ **4 Knoblauchzehen**
+ **4 Tomaten**
+ **½ Bund Thymian**
+ **6 EL Olivenöl**
+ **Salz • Pfeffer aus der Mühle**
+ **240 g Cannellini-Bohnen (Abtropfgewicht; aus dem Glas)**
+ **8 Scheiben Vollkornbrot (vom Vortag)**

KICHERERBSENSUPPE
MIT KURKUMA

ZUBEREITUNG

01. Die Zwiebeln schälen und in Ringe schneiden. Die Zucchini putzen, waschen und quer in ½ cm dicke Scheiben schneiden. Den Knoblauch schälen und in feine Würfel schneiden.

02. Das Öl in einem Topf erhitzen und Zwiebeln, Knoblauch und Kreuzkümmel darin andünsten. Die Brühe dazugießen, Zucchini und Kichererbsen dazugeben und alles mit 1 bis 2 Prisen Kurkuma würzen. Die Kichererbsensuppe einmal aufkochen, dann zugedeckt bei schwacher Hitze etwa 10 Minuten garen.

03. Inzwischen den Joghurt mit Zitronensaft und Eiern in einer Schüssel gründlich verrühren. Die Minze waschen, trocken schütteln und die Blätter abzupfen.

04. Die Kichererbsensuppe vom Herd nehmen und die Joghurtmischung langsam unterrühren, die Suppe soll dabei nicht mehr zu heiß sein. Die Kichererbsensuppe nochmals abschmecken, in tiefe Teller verteilen und mit Minze bestreut servieren.

ZUTATEN
FÜR 4 PERSONEN

+ **4 Zwiebeln (ca. 300 g)**
+ **4 kleine Zucchini (ca. 600 g)**
+ **4 Knoblauchzehen**
+ **2 EL Rapskernöl**
+ **2 TL gemahlener Kreuzkümmel**
+ **1,2 l Gemüsebrühe**
+ **300 g Kichererbsen (gegart; siehe Tipp)**
+ **gemahlene Kurkuma**
+ **400 g Naturjoghurt**
+ **Saft von 2 Zitronen**
+ **2 sehr frische Eier**
+ **1 Bund Minze**

TIPP — *Getrocknete Kichererbsen weichen Sie am besten über Nacht ein und gießen Sie dann in ein Sieb ab. Anschließend die Kichererbsen in einem Topf mit frischem Wasser bedeckt aufkochen und bei schwacher Hitze etwa 1 Stunde weich garen. Wenn es einmal schnell gehen soll, greifen Sie zu Kichererbsen aus dem Glas (am besten aus dem Bioladen).*

QUINOA-SALAT
MIT KÜRBISKERNEN

ZUBEREITUNG

01. Die Brühe in einem Topf zum Kochen bringen. Beide Quinoasorten auf einem feinen Sieb abbrausen, hinzufügen und 15 bis 20 Minuten ohne Deckel köcheln lassen. Anschließend vom Herd nehmen und etwa 5 Minuten quellen lassen, bis die Brühe vollständig aufgenommen ist.

02. Die Möhren putzen, schälen und schräg in dünne Scheiben schneiden. Einen Topf mit etwas Salzwasser zum Kochen bringen und die Möhrenscheiben darin etwa 5 Minuten bissfest garen. Die Erbsen hinzufügen und kurz erhitzen. Das Gemüse in ein Sieb abgießen, gut abtropfen und auskühlen lassen.

03. Die Paprikaschote längs halbieren, entkernen, waschen und in Streifen schneiden. Die Frühlingszwiebeln putzen, waschen und in feine Ringe schneiden.

04. Quinoa, Möhren, Erbsen, Paprika und Frühlingszwiebeln in einer Schüssel mischen. Den Salat mit Limettenschale und -saft, Minze, Olivenöl, Salz und Pfeffer würzig abschmecken.

05. Die Kürbiskerne in einer Pfanne ohne Fett anrösten, bis sie zu duften beginnen. Den Quinoa-Salat mit den Kürbiskernen bestreuen und servieren.

ZUTATEN
FÜR 4 PERSONEN

+ **550 ml Gemüsebrühe**
+ **100 g weiße Quinoa**
+ **100 g rote Quinoa**
+ **3 Möhren**
+ **Salz**
+ **150 g Erbsen (tiefgekühlt)**
+ **1 rote Paprikaschote**
+ **2 Frühlingszwiebeln**
+ **½ TL abgeriebene Bio-Limettenschale**
+ **3—4 EL Limettensaft**
+ **1—2 EL gehackte Minze**
+ **3 EL Olivenöl**
+ **Pfeffer aus der Mühle**
+ **3 EL Kürbiskerne**

———

TIPP — *Wenn Sie den Salat z.B. ins Büro mitnehmen möchten, sollten Sie das Kürbiskern-Topping separat aufbewahren, sonst wird es weich. Und weil die Quinoa viel Dressing aufsaugt, muss der Salat unbedingt noch mal abgeschmeckt werden. Zum Mitnehmen können Sie ihn ruhig etwas „überwürzen", vor allem mit Limettensaft. Bis zur Mittagspause ist ein Großteil des Safts von den Körnern aufgesaugt worden.*

SPINATSALAT
UND ROTE-BETE-SALAT

ZUBEREITUNG SPINATSALAT

01. Für den Spinatsalat den Spinat verlesen, waschen und trocken schleudern. Die Blätter hacken. Den Spinat in einer Pfanne ohne Fett zugedeckt bei starker Hitze 2 bis 3 Minuten zusammenfallen lassen. Dann den Spinat offen weiterdünsten, bis die Flüssigkeit verdampft ist. Den Spinat in eine Schüssel geben und abkühlen lassen.

02. Den Joghurt mit 2 EL Olivenöl, dem Zitronensaft, Salz, Pfeffer und Piment verrühren und unter den Spinat mischen. Den Spinatsalat abschmecken, auf einer Platte oder in Schälchen anrichten und mit dem restlichen Olivenöl beträufeln. Den Spinatsalat nach Belieben mit Petersilie garniert servieren.

**ZUTATEN
FÜR 4 PERSONEN**

+ **500 g junger Spinat**
+ **250 g griechischer Joghurt**
+ **4 EL Olivenöl**
+ **2—3 EL Zitronensaft**
+ **Salz • Pfeffer aus der Mühle**
+ **1 Msp. gemahlener Piment**

ZUBEREITUNG ROTE-BETE-SALAT

01. Für den Rote-Bete-Salat die Roten Beten waschen, in einen Topf geben und gut mit Wasser bedecken. Zugedeckt bei mittlerer Hitze je nach Größe 45 bis 60 Minuten garen.

02. Die Roten Beten abgießen und in kaltem Wasser abkühlen lassen. Die Knollen schälen und auf der Gemüsereibe grob raspeln (dabei am besten Einweghandschuhe tragen, da die Knollen stark abfärben).

03. Den Knoblauch schälen und in feine Würfel schneiden. Die beiden Joghurtsorten in einer Schüssel mit dem Knoblauch und dem Zitronensaft verrühren, mit Salz und Pfeffer würzen. Die Roten Beten untermischen, den Salat abschmecken und mindestens 30 Minuten kühl stellen. Den Rote-Bete-Salat nach Belieben mit Petersilie garniert servieren.

**ZUTATEN
FÜR 4 PERSONEN**

+ **1 kg Rote Beten**
+ **2 Knoblauchzehen**
+ **200 g griechischer Joghurt**
+ **175 g Naturjoghurt**
+ **3 EL Zitronensaft**
+ **Salz • Pfeffer aus der Mühle**

GRIECHISCHER SALAT
MIT FALAFELN

ZUBEREITUNG

01. Die Kichererbsen in einer Schüssel mit dem Stabmixer mit Ei und Eigelb fein pürieren. Die Petersilie waschen und trocken schütteln, die Blätter abzupfen und fein hacken. Zwiebel und Knoblauch schälen, in feine Würfel schneiden und in einer Pfanne in 1 EL Olivenöl hellbraun andünsten.

02. Die Semmelbrösel und die Hälfte der Petersilie dazugeben und alles kräftig mit Chiliflocken, Kreuzkümmel, Salz und Pfeffer würzen. Die Mischung unter die Kichererbsenmasse heben. Aus dem Teig mit angefeuchteten Händen etwa 16 walnussgroße Bällchen formen und jeweils etwas flach drücken.

03. Die Salate putzen, waschen, trocken schleudern und grob zerpflücken. Die Gurke waschen, längs halbieren und in Scheiben schneiden. Die Tomaten waschen und in Scheiben schneiden, dabei die Stielansätze entfernen. Die Paprikaschote längs vierteln, entkernen, waschen und in feine Streifen schneiden. Die Oliven vierteln. Essig, Salz, Pfeffer und übriges Olivenöl zu einer Vinaigrette verrühren und die restliche Petersilie hinzufügen. Alle Salatzutaten mischen, auf Teller verteilen und mit der Vinaigrette beträufeln.

04. Das Öl zum Braten in einer Pfanne erhitzen und die Falafeln darin bei mittlerer Hitze 5 bis 6 Minuten goldbraun braten. Dabei nach der Hälfte der Bratzeit wenden. Die Falafeln aus der Pfanne nehmen und kurz auf Küchenpapier abtropfen lassen. Auf dem griechischen Salat anrichten und sofort servieren.

ZUTATEN
FÜR 4 PERSONEN

+ **265 g Kichererbsen (gegart, siehe Tipp S. 34)**
+ **1 Ei und 1 Eigelb**
+ **1 Bund Petersilie**
+ **1 Zwiebel**
+ **1 Knoblauchzehe**
+ **6 EL Olivenöl**
+ **2 EL Vollkornsemmelbrösel**
+ **1 TL Chiliflocken**
+ **½ TL gemahlener Kreuzkümmel**
+ **Salz • Pfeffer aus der Mühle**
+ **3 Mini-Romanasalate (à ca. 100 g)**
+ **½ Salatgurke (ca. 200 g)**
+ **200 g Tomaten**
+ **1 kleine gelbe Paprikaschote**
+ **50 g Oliven (ohne Stein)**
+ **2 EL Weißweinessig**
+ **125 ml Öl zum Braten**

SPARGELSALAT
MIT ZIEGENKÄSE

ZUTATEN FÜR 4 PERSONEN

+ 1 kg grüner Spargel
+ Salz • Pfeffer aus der Mühle
+ 4 EL Pinienkerne
+ 4 Handvoll Postelein (ersatzweise Baby-leaves oder Wildkräutermischung)
+ 2 Bund Rucola
+ 250 g Erdbeeren
+ 2 Handvoll Kerbel
+ ½ Bund Estragon
+ 4–6 EL Zitronensaft
+ 6 EL Olivenöl
+ 250 g cremiger Ziegenfrischkäse

ZUBEREITUNG

01.   Den Spargel waschen und holzige Enden großzügig abschneiden. Von den Stangen mit dem Sparschäler von unten zur Spitze hin feine Streifen abziehen. Die Streifen in einer Schüssel mit Salz und Pfeffer würzen.

02.   Die Pinienkerne in einer Pfanne ohne Fett goldbraun rösten und auf einem Teller abkühlen lassen. Postelein und Rucola verlesen, waschen und trocken schütteln. Grobe Stiele entfernen und den Rucola, falls nötig, grob zerzupfen.

03.   Die Erdbeeren waschen, putzen und längs in dicke Scheiben schneiden. Die Kräuter waschen und trocken schütteln. Den Kerbel zerzupfen und vom Estragon die Blätter abzupfen. Zitronensaft und Olivenöl mit Salz und Pfeffer zu einem Dressing verrühren.

04.   Spargel, Postelein, Rucola, Erdbeeren, Kräuter und Dressing in einer Schüssel mischen und mit Pinienkernen bestreuen. Den Ziegenkäse in Nocken auf den Spargelsalat geben und servieren.

WINTERSALAT
MIT GRÜNKOHL

ZUTATEN FÜR 4 PERSONEN

FÜR DEN SALAT:

+ **700 g zarte Grünkohlblätter**
+ **Salz • Pfeffer aus der Mühle**
+ **4 EL Zitronensaft • 2 EL Pinienkerne**
+ **6 Stangen Staudensellerie**
+ **2 Pastinaken (ca. 160 g)**
+ **2 Äpfel (z. B. Granny Smith)**
+ **4 EL geriebener Parmesan**

FÜR DAS DRESSING:

+ **4 Stiele Estragon • 2 kleine Knoblauchzehen**
+ **2 Eier • 2 TL Senf**
+ **ca. 200 ml Olivenöl • 4 EL Kürbiskernöl**
+ **4 EL Zitronensaft**
+ **Salz • Pfeffer aus der Mühle**

ZUBEREITUNG

01. Für den Salat den Grünkohl putzen, waschen und die Blätter von den harten Stielen befreien. Die Blätter nicht zu klein zupfen und in einer Schüssel mit Salz, Pfeffer und 2 EL Zitronensaft durchkneten. Den Grünkohl etwa 1 Stunde ziehen lassen.

02. Für das Dressing den Estragon waschen und trocken schütteln, die Blätter abzupfen und fein hacken. Den Knoblauch schälen und in einen hohen Rührbecher pressen. Eier, Senf, 160 ml Olivenöl und Kürbiskernöl hinzufügen. Alles mit dem Stabmixer zu einer cremigen Mayonnaise aufschlagen. Falls nötig, noch etwas Olivenöl dazugeben. Das Dressing mit Zitronensaft, Salz und Pfeffer würzen. Den Estragon unterrühren.

03. Die Pinienkerne in einer Pfanne ohne Fett goldbraun rösten und abkühlen lassen. Den Sellerie putzen, waschen und in dünne Scheiben schneiden. Die Pastinaken schälen und grob raspeln. Die Äpfel waschen, vierteln, die Kerngehäuse entfernen. Die Viertel in Stücke schneiden. Äpfel und Sellerie mit dem übrigen Zitronensaft mischen und zum Grünkohl geben. Das Dressing und den Parmesan mit dem Salat mischen. Mit Salz und Pfeffer abschmecken. Den Salat mit den Pinienkernen bestreut servieren.

BUNTER SALAT
IM GLAS

ZUBEREITUNG

01. Die Möhren putzen, schälen und grob raspeln. Den Spinat waschen und trocken schleudern. Die Paprika längs halbieren, entkernen, waschen und in feine Streifen schneiden. Den Feta in kleine Würfel schneiden.

02. Für das Dressing den Orangensaft mit der sauren Sahne und der Buttermilch verrühren. Mit Salz und Pfeffer würzen. Die Petersilie unterrühren. Das Dressing in vier kleine Schraubgläser füllen.

03. In vier große Schraub- oder Einmachgläser nacheinander die Kichererbsen, die Möhrenraspel, die Paprikastreifen, den Feta und den Spinat einschichten und die Gläser verschließen. Den bunten Salat und das Dressing bis zum Verzehr kühl stellen.

──────

TIPP — *Die Kichererbse ist ein wertvoller Eiweißlieferant (nicht nur für Veganer und Vegetarier). Daneben ist sie sehr bekömmlich und eignet sich daher hervorragend für all jene, die einen empfindlichen Magen haben.*

ZUTATEN
FÜR 4 PERSONEN

+ **4 Möhren**
+ **200 g junger Spinat**
+ **4 kleine rote Spitzpaprika-schoten**
+ **400 g Feta (Schafskäse)**
+ **4 EL Orangensaft**
+ **120 g saure Sahne**
+ **120 g Buttermilch**
+ **Salz • Pfeffer aus der Mühle**
+ **4 TL gehackte Petersilie**
+ **120 g Kichererbsen (gegart, siehe Tipp S. 34)**

VEGGIE-BOWL
MIT KRÄUTERGETREIDE

ZUBEREITUNG

01. Für das Getreide das Getreide waschen und etwa 8 Stunden einweichen. Dann erneut waschen und in leicht gesalzenem Wasser bissfest garen. Abgießen, abtropfen und leicht abkühlen lassen. Die Minze waschen, trocken schütteln, hacken und mit Olivenöl unter das Getreide mischen.

02. Für den Fenchel den Ofen auf 180 °C vorheizen. Den Fenchel putzen, waschen, halbieren und den harten Strunk entfernen. Die Knollenhälften in Scheiben schneiden. In einer Schüssel Sirup, Olivenöl und Thymian vermischen und die Fenchelscheiben damit auf einem Backblech oder in einer Auflaufform bepinseln. Den Fenchel mit Meersalz und Pfeffer würzen und im Ofen etwa 15 Minuten backen.

03. Für die Bowl den Halloumi in Würfel schneiden und in einer Pfanne im Olivenöl kurz rundum anbraten. Inzwischen den Salat verlesen, waschen und trocken schleudern. Möhren und Tomaten waschen. Die Möhren mit dem Spiralschneider in Spaghetti schneiden und mit 2 EL Zitronensaft vermengen. Die Avocados halbieren, die Steine entfernen, schälen und die Innenseite würfelartig einschneiden.

04. Den Wildkräutersalat in einer Schüssel verteilen. Darauf kreisrund das Kräutergetreide, den gebackenen Fenchel, Möhrenspaghetti, Cocktailtomaten und die halbe Avocado platzieren. Halloumiwürfel in die Mitte geben. Die Veggie-Bowl mit Meersalz und Pfeffer würzen und mit ein paar Tropfen Zitronensaft beträufelt genießen.

ZUTATEN
FÜR 4 PERSONEN

FÜR DAS GETREIDE:
+ 240 g Getreide (Nackthafer, Dinkel oder Gerste)
+ Salz • 1 Bund Minze
+ 1 EL Olivenöl

FÜR DEN FENCHEL:
+ 2 Fenchelknollen
+ 1 EL Ahornsirup
+ 2 EL Olivenöl
+ 1 TL gehackter Thymian
+ Meersalz
+ Pfeffer aus der Mühle

FÜR DIE BOWL:
+ 200 g Halloumi
+ 2 EL Olivenöl
+ 4 Handvoll Wildkräutersalat
+ 4 kleine Möhren
+ 250 g Cocktailtomaten
+ ca. 4 EL Zitronensaft
+ 2 Avocados
+ Meersalz
+ Pfeffer aus der Mühle

TIPP — *Probieren Sie auch mal eine Bowl mit gebratenem Hähnchen, Quinoa, Salaten und Nüssen (siehe Cover) oder mit Paprika, gegartem Brokkoli oder Orangenfilets.*

SÜSSKARTOFFELCURRY
MIT MANGO

ZUBEREITUNG

01. Die Süßkartoffeln und Kartoffeln schälen, waschen und in 2 cm große Stücke schneiden. Zwiebel, Knoblauch und Ingwer schälen und in feine Würfel schneiden. Die Chilischoten längs halbieren, entkernen und waschen. Eine Chilischote in feine Würfel, die andere in feine Streifen schneiden.

02. Die Butter in einem großen Topf erhitzen. Zwiebel, Knoblauch und Ingwer darin 1 bis 2 Minuten andünsten. Curry, Kurkuma und Kreuzkümmel darüberstäuben und kurz anrösten. Mit der Brühe und der Kokosmilch ablöschen. Die Süßkartoffeln und Kartoffeln dazugeben und bei schwacher Hitze 20 bis 25 Minuten weich garen.

03. Inzwischen den Mohn in einer Pfanne ohne Fett rösten, bis er duftet. Die Mango schälen und das Fruchtfleisch auf den flachen Seiten vom Stein schneiden. Zwei Drittel des Fruchtfleisches in 1 cm große Stücke, den Rest in dünne Spalten schneiden.

04. Die Mangostücke und die Chiliwürfel mit dem Joghurt verrühren und unter das Curry rühren. Achtung, das Curry darf jetzt nicht mehr kochen, sonst gerinnt der Joghurt.

05. Den Koriander waschen und trocken schütteln, die Blätter abzupfen und – bis auf einige zum Garnieren – unter das Curry rühren. Das Süßkartoffelcurry mit Mangospalten, restlichem Koriander, Chilistreifen und Mohn garnieren. Dazu passt Vollkornreis.

ZUTATEN
FÜR 4 PERSONEN

+ **600 g Süßkartoffeln**
+ **400 g vorwiegend festkochende Kartoffeln**
+ **1 Zwiebel**
+ **2 Knoblauchzehen**
+ **1 walnussgroßes Stück Ingwer**
+ **2 rote Chilischoten**
+ **2 EL Butter**
+ **1 EL Currypulver**
+ **je ½ TL gemahlene Kurkuma und gemahlener Kreuzkümmel**
+ **300 ml Gemüsebrühe**
+ **200 ml Kokosmilch (aus der Dose)**
+ **30 g gemahlener Mohn**
+ **1 reife Mango**
+ **150 g Naturjoghurt**
+ **1 Bund Koriander**

SANDWICH
MIT KORIANDER-CHUTNEY

ZUBEREITUNG

01. Am Vorabend für die Sandwiches die Mungbohnen in reichlich Wasser einweichen. Am nächsten Tag die Bohnen in ein Sieb abgießen und mit ¼ l Wasser in einem Topf 25 bis 30 Minuten garen (sie sollten nicht zerfallen). Die Bohnen mit Salz würzen, in ein Sieb abgießen, abtropfen und abkühlen lassen. Parallel zu den Mungbohnen die gewaschenen Kartoffeln in Salzwasser 20 bis 25 Minuten weich garen. Abgießen und lauwarm abkühlen lassen.

02. Für das Chutney Kräuter waschen und trocken schütteln, grobe Stiele entfernen. Die Kräuter grob schneiden. Knoblauch schälen. Chilischoten putzen, waschen und samt Kernen klein schneiden. Das Kokosnussfleisch grob schneiden. Alles mit Zitronensaft und 6 bis 10 EL Wasser im Blitzhacker pürieren und mit Salz und Pfeffer würzen.

03. Die Roten Beten in dünne Scheiben schneiden. Die Möhren schälen und mit dem Sparschäler längs dünne Streifen abziehen. Die Gurke waschen und in dünne Scheiben schneiden. Die Kartoffeln pellen und mit einer Gabel fein zerdrücken. Die Bohnen mit einer Gabel grob zerdrücken. Ingwer und Knoblauch schälen und in feine Würfel schneiden. Mit Gewürzen und Koriander in einer Schüssel mischen. Mit Salz und Pfeffer würzen und so viel Kichererbsenmehl untermischen, dass die Masse gut bindet. Etwa 15 Minuten ruhen lassen, dann aus der Masse 16 flache Pattys formen.

04. In einer Pfanne etwas Öl erhitzen und die Burger darin portionsweise auf jeder Seite etwa 10 Minuten braten. Den Toast rösten und jeweils mit etwas Chutney bestreichen. 4 Toasts mit Gurken belegen, je 1 Patty daraufgeben, mit Chutney bestreichen und Möhren daraufsetzen. Je 1 weiteren Patty, Chutney und Rote-Bete-Scheiben daraufgeben. Mit den übrigen Toasts abschließen und zusammendrücken. Die Sandwiches mit Holzspießen fixieren.

ZUTATEN FÜR 4 PERSONEN

FÜR DIE SANDWICHES:

+ 160 g getrocknete Mungbohnen
+ Salz
+ 4 mehligkochende Kartoffeln
+ 2 Rote Beten (gegart und geschält)
+ 2 dicke Möhren
+ ½ Bio-Salatgurke
+ 1 walnussgroßes Stück Ingwer
+ 1 Knoblauchzehe
+ 2 TL Garam Masala
+ 1 TL gemahlener Kreuzkümmel
+ 1 TL gemahlene Kurkuma
+ 2 EL gehackter Koriander
+ Pfeffer aus der Mühle
+ 4–6 EL Kichererbsenmehl
+ 4–6 EL Öl zum Braten
+ 8 Scheiben Vollkorntoast

FÜR DAS CHUTNEY:

+ 40 g Minze
+ 100 g Koriander
+ 1 Knoblauchzehe
+ 2 grüne Chilischoten
+ 80 g Kokosnussfleisch
+ 4 EL Zitronensaft
+ Salz • Pfeffer aus der Mühle

SÜSSKARTOFFELCHIPS
MIT BROKKOLI-DIP

ZUTATEN FÜR 4 PERSONEN

+ **500 g Brokkoli**
+ **200 g Naturjoghurt**
+ **2 EL Mandeldrink**
+ **Salz • Pfeffer aus der Mühle**
+ **2 große Süßkartoffeln (ca. 600 g)**
+ **Kokosöl zum Frittieren**
+ **1 TL Paprikapulver**

ZUBEREITUNG

01. Den Brokkoli putzen, waschen und in Röschen teilen. Den Strunk schälen und in kleine Würfel schneiden. Den Brokkoli in einen Dämpfeinsatz geben. In einem großen Topf wenig Wasser aufkochen, den Dämpfeinsatz hineinstellen und den Brokkoli bei mittlerer Hitze zugedeckt etwa 10 Minuten dämpfen und abkühlen lassen.

02. Den abgekühlten Brokkoli mit dem Joghurt und dem Mandeldrink im Küchenmixer oder mit dem Stabmixer pürieren und mit Salz und Pfeffer würzen. Den Brokkoli-Dip bis zum Servieren kühl stellen.

03. Die Süßkartoffeln schälen und auf einem Gemüsehobel in dünne Scheiben hobeln. Das Kokosöl auf 170 °C erhitzen und die Süßkartoffelscheiben darin portionsweise knusprig frittieren. Die Süßkartoffelchips auf Küchenpapier abtropfen lassen, in einer Schüssel mit Salz und Paprika würzen und mit dem Brokkoli-Dip servieren.

GEMÜSE-FRITTATA
MIT KAPERNDIP

ZUTATEN FÜR 4 PERSONEN

+ **2 Zwiebeln**
+ **2 rote Paprikaschoten**
+ **280 g Maiskörner (aus dem Glas)**
+ **1 Bund Petersilie**
+ **2 EL Olivenöl**
+ **300 g Erbsen (tiefgekühlt)**
+ **8 Eier**
+ **8 EL geriebener Parmesan**
+ **Salz • Cayennepfeffer**
+ **2 EL Kapern**
+ **60 g getrocknete Tomaten**
+ **300 g Magerquark**
+ **2 EL Tomatenmark**

ZUBEREITUNG

01. Den Backofen auf 180 °C vorheizen. Die Zwiebeln schälen und in feine Streifen schneiden. Die Paprikaschoten halbieren, entkernen, waschen und in 2 cm große Würfel schneiden. Den Mais in ein Sieb abgießen, kalt abbrausen und abtropfen lassen. Die Petersilie waschen und trocken schütteln, die Blätter abzupfen und fein hacken.

02. Das Olivenöl in einer ofenfesten Pfanne erhitzen und Zwiebel und Paprika darin 5 bis 7 Minuten andünsten. Dabei in den letzten 2 Minuten Mais und Erbsen dazugeben.

03. Die Eier mit Petersilie, Parmesan, Salz und Cayennepfeffer verquirlen und vorsichtig über das Gemüse gießen. Die Frittata im Ofen auf der mittleren Schiene etwa 15 Minuten stocken lassen.

04. Inzwischen die Kapern abtropfen lassen und hacken. Die Tomaten in feine Würfel schneiden. Beides mit Quark und Tomatenmark verrühren und den Dip mit wenig Salz und Cayennepfeffer abschmecken. Die Gemüse-Frittata aus dem Ofen nehmen und vierteln. Mit dem Kaperndip servieren.

PILZTERRINE
MIT GRANATAPFELKERNEN

ZUBEREITUNG

01. Die Morcheln mit etwa 100 ml Wasser bedeckt mindestens 1 Stunde quellen lassen, dabei ab und zu wenden. Übrige Pilze putzen, falls nötig, trocken abreiben und in Scheiben schneiden. Zwiebeln schälen und in Würfel schneiden. Möhren putzen, schälen und raspeln. Tomaten in Streifen schneiden. Schnittlauch und Petersilie waschen, trocken schütteln und grob hacken.

02. Butter in einer großen Pfanne erhitzen und frische Pilze, Zwiebeln, Möhren und Tomaten darin portionsweise unter Wenden andünsten. Falls sich zu viel Flüssigkeit bildet, die Temperatur erhöhen. In eine Schüssel geben, mit Zitronensaft, Salz und Pfeffer würzen und abkühlen lassen.

03. Backofen auf 200 °C vorheizen. Eine ofenfeste Form mit Alufolie auslegen. Eier mit Käse, Schnittlauch und Petersilie verquirlen. Morcheln in ein Sieb abgießen und abtropfen lassen, die Flüssigkeit auffangen. 5 bis 6 EL Einweichflüssigkeit in die Eiermischung rühren.

04. Abgekühltes Gemüse und Morcheln in die Form geben. Die Eiermischung darübergießen und leicht verrühren, damit sich keine Luftbläschen bilden. Ein tiefes Backblech etwa 3 cm hoch mit heißem Wasser füllen. Terrine mit Deckel oder Alufolie verschließen, in das Wasserbad setzen und im Ofen auf der mittleren Schiene etwa 1 Stunde 45 Minuten garen (eventuell etwas Wasser nachgießen).

05. Inzwischen die Kräuter waschen, trocken schütteln und auf einer Platte auslegen. Die Granatapfelkerne mit einem Löffel herausklopfen. Die Terrine aus dem Ofen nehmen, in der Form abkühlen lassen und auf das Kräuterbett stürzen, dabei die Folie entfernen. Die Pilzterrine mit Granatapfelkernen bestreut servieren.

ZUTATEN
FÜR 8 PERSONEN

+ **20 g getrocknete Morcheln**
+ **250 g Austernpilze**
+ **500 g rosa Champignons**
+ **2 Zwiebeln**
+ **2 Möhren**
+ **30 g getrocknete Tomaten**
+ **je 1 Bund Schnittlauch und Petersilie**
+ **40 g Butter**
+ **Saft von ½ Zitrone**
+ **Salz • Pfeffer aus der Mühle**
+ **5 Eier**
+ **200 g geriebener Hartkäse**
+ **1 Handvoll Kräuter der Saison (z.B. Schnittlauch, Basilikum, Rosmarin, Salbei, Thymian, Rucola, Rote-Bete-Blätter)**
+ **½ kleiner Granatapfel**

FALAFELN
MIT KORIANDER-DIP

ZUBEREITUNG

01. Den Backofen auf 225°C vorheizen. Den Leinsamen mit 3 EL Wasser verrühren und quellen lassen. Die Zwiebel und den Knoblauch schälen und in feine Würfel schneiden. 2 EL Olivenöl in einer Pfanne erhitzen, Zwiebeln und Knoblauch darin goldgelb andünsten. Die Kräuter waschen und trocken schütteln, den Koriander und die Petersilie samt Stielen grob schneiden, die Minzeblätter abzupfen.

02. Kichererbsen, Leinsamen, Zwiebelmischung, 6 EL Olivenöl und jeweils die Hälfte der Kräuter mit Chili, Salz und Pfeffer in den Blitzhacker geben. Alles nicht zu fein pürieren und dabei, falls nötig, wenig Wasser hinzufügen. Aus der Kichererbsenmasse 16 Taler formen und diese auf ein mit Backpapier belegtes Blech legen. Die Taler mit etwas Olivenöl bestreichen und im Ofen auf der mittleren Schiene 30 bis 35 Minuten backen, dabei einmal wenden, wiederum mit etwas Olivenöl bestreichen.

03. Inzwischen den übrigen Koriander und die restliche Petersilie mit 2 EL Joghurt im Blitzhacker fein pürieren. Tahin, übrigen Joghurt, Zitronensaft und 12 bis 16 EL Wasser (je nach gewünschter Konsistenz) mit dem Kräuterpüree verrühren. Den Dip mit Salz und Pfeffer würzen. Die Salatblätter waschen und trocken schütteln. Die Tomaten waschen und in Scheiben schneiden, dabei die Stielansätze entfernen. Die Gurke waschen, längs vierteln oder achteln und in Stücke schneiden.

04. Die Salatblätter auf Teller oder eine Platte legen und Tomaten und Gurke darauf verteilen. Die Falafeln daraufsetzen, mit etwas Sauce beträufeln und mit den übrigen zerzupften Minzeblättern und nach Belieben mit Chiliflocken bestreuen.

ZUTATEN FÜR 4 PERSONEN

+ 2 EL geschroteter oder gemahlener Leinsamen
+ 2 kleine Zwiebeln
+ 2 Knoblauchzehen
+ 100 ml Olivenöl
+ je 2 Bund Koriander und Petersilie (à ca. 50 g)
+ 8 Stiele Minze
+ 480 g Kichererbsen (gegart, siehe Tipp S. 34)
+ 4 Msp. Chiliflocken
+ Salz • Pfeffer aus der Mühle
+ 5 EL Naturjoghurt
+ 4 EL Tahin (Sesammus)
+ 90 ml Zitronensaft
+ 16 große Salatblätter (z.B. Römersalat)
+ 6 Tomaten
+ 1 Salatgurke

SPINATNOCKEN
AUF LINSENGEMÜSE

ZUBEREITUNG

01. Für die Nocken den Spinat putzen, waschen und ab-tropfen lassen, grobe Stiele entfernen. Die Petersilie waschen und trocken schütteln, die Blätter abzupfen und fein hacken. Die Zwiebeln schälen und in feine Würfel schneiden. In einer Pfanne das Olivenöl erhitzen und die Zwiebeln darin goldgelb andünsten. Den Spinat dazugeben, mit Salz und Pfeffer würzen und bei starker Hitze unter Rühren zusammenfallen lassen. Die Petersilie untermischen und abkühlen lassen. Die Spinatmischung gut ausdrücken und fein hacken.

02. Den Käse fein reiben und mit Ricotta, Eiern und Polenta in einer Schüssel verrühren. Mit Salz, Pfeffer und Muskatnuss würzen, den Spinat untermischen und die Masse zugedeckt im Kühlschrank etwa 1 Stunde durchziehen lassen.

03. Für die Linsen die Zwiebeln schälen und in feine Würfel schneiden. Den Sellerie putzen (das Grün beiseitelegen), waschen, längs halbieren und in Scheiben schneiden. Das Olivenöl in einem Topf erhitzen, die Zwiebeln und den Sellerie darin andünsten. Die Linsen unterrühren, dann die Tomaten und die Brühe dazugeben, mit Salz und Pfeffer würzen. Die Linsen zugedeckt 25 bis 30 Minuten garen.

04. Inzwischen die Petersilie waschen und trocken schütteln, die Blätter abzupfen und mit dem Selleriegrün grob hacken. In einem großen Topf reichlich Salzwasser zum Kochen bringen. Aus der Polenta-Spinat-Masse mithilfe von zwei angefeuchteten Esslöffeln etwa 20 Nocken formen. Die Nocken in das siedende (nicht kochende!) Wasser gleiten lassen und 8 bis 10 Minuten gar ziehen lassen – sie sind fertig, wenn sie an die Oberfläche steigen. Die Linsen mit Petersilie und Selleriegrün mischen und auf Teller verteilen. Die Spinatnocken mit dem Schaumlöffel herausheben und auf dem Linsengemüse anrichten.

ZUTATEN
FÜR 4 PERSONEN

FÜR DIE NOCKEN:
+ **800 g Wurzelspinat**
+ **1 Bund Petersilie**
+ **2 Zwiebeln**
+ **2 EL Olivenöl**
+ **Salz • Pfeffer aus der Mühle**
+ **100 g Greyerzer**
+ **300 g Ricotta**
+ **2 Eier**
+ **140 g Polenta**
+ **frisch geriebene Muskatnuss**

FÜR DIE LINSEN:
+ **2 Zwiebeln**
+ **4 Stangen Staudensellerie**
+ **2 EL Olivenöl**
+ **150 g Puy-Linsen**
+ **400 g stückige Tomaten (aus dem Glas)**
+ **100 ml Gemüsebrühe**
+ **Salz • Pfeffer aus der Mühle**
+ **1 Bund Petersilie**

HIRSE-LAUCH-TALER
MIT PETERSILIENPÜREE

ZUBEREITUNG

01. Für die Taler in einem Topf die Brühe aufkochen, die Hirse einrühren und 5 Minuten kochen lassen. Dann zugedeckt bei schwacher Hitze 15 bis 20 Minuten ausquellen und anschließend auskühlen lassen.

02. Inzwischen die Keimlinge auf einem Sieb abbrausen und abtropfen lassen. Den Lauch putzen, längs halbieren und waschen, zuerst längs in schmale Streifen, dann quer in feine Stücke schneiden. Den Knoblauch schälen und in feine Würfel schneiden. In einer Pfanne 1 EL Olivenöl erhitzen, Lauch und Knoblauch darin goldgelb andünsten. Die Keimlinge unterrühren, kurz mitbraten und die Pfanne vom Herd nehmen.

03. Für das Püree die Petersilienwurzeln schälen und in Stücke schneiden. Mit Brühe, Hafersahne sowie etwas Salz und Pfeffer in einem Topf 15 bis 20 Minuten weich garen.

04. Inzwischen für die Taler die Petersilie waschen und trocken schütteln, die Blätter abzupfen und fein hacken. Die Hirse und die Lauch-Keimling-Mischung mit Petersilie, Eiern, Mehl und Oregano zu einer formbaren Masse vermischen, kräftig mit Salz und Pfeffer würzen und 10 Minuten ruhen lassen. Dann aus der Hirsemasse 8 Taler formen.

05. Für das Püree die Petersilie waschen und trocken schütteln, die Blätter abzupfen und grob hacken. Mit dem Zitronensaft unter die Petersilienwurzeln mischen und erhitzen, bis die Petersilie zusammenfällt. Alles mit dem Stabmixer fein pürieren und warm halten.

06. In einer Pfanne das übrige Olivenöl erhitzen und die Taler darin auf jeder Seite je 4 bis 5 Minuten braun und knusprig braten. Die Hirse-Lauch-Taler mit dem Petersilienpüree auf Teller verteilen.

ZUTATEN FÜR 4 PERSONEN

FÜR DIE TALER:
+ ½ l Gemüsebrühe
+ 200 g Hirse
+ 200 g Keimlinge (z. B. gekeimte Mungbohnen)
+ 2 große Stangen Lauch
+ 2 Knoblauchzehen
+ 6 EL Olivenöl
+ 1 Bund Petersilie
+ 2 Eier
+ 4–6 EL Dinkelvollkornmehl
+ 2 TL getrockneter Oregano
+ Salz • Pfeffer aus der Mühle

FÜR DAS PÜREE:
+ 1 kg Petersilienwurzeln
+ 400 ml Gemüsebrühe
+ 250 ml Hafersahne
+ Salz • Pfeffer aus der Mühle
+ 1 Bund Petersilie
+ 2–4 EL Zitronensaft

DINKELVOLLKORNNUDELN
MIT GRÜNKOHL

ZUTATEN FÜR 4 PERSONEN

+ 300 g Grünkohl
+ Salz
+ 500 g Dinkelvollkornnudeln
+ 1 rote Chilischote
+ 1 weiße Zwiebel
+ 1 Knoblauchzehe
+ 3 EL Olivenöl
+ 1–2 EL Zitronensaft
+ 3–4 EL geriebener Parmesan

ZUBEREITUNG

01. Den Grünkohl putzen, waschen und die Blätter von den harten Stielen befreien. Die Blätter kleiner zupfen und in kochendem Salzwasser etwa 10 Minuten garen. Kalt abschrecken und abtropfen lassen.

02. Die Nudeln in reichlich kochendem Salzwasser nach Packungsanweisung bissfest garen.

03. Inzwischen die Chilischote längs halbieren, entkernen, waschen und klein schneiden. Die Zwiebel schälen, halbieren und in feine Streifen schneiden. Den Knoblauch schälen und ebenfalls in feine Würfel schneiden.

04. Das Olivenöl in einer großen Pfanne erhitzen und Zwiebel, Knoblauch und Chili darin 4 bis 5 Minuten andünsten.

05. Die Nudeln in ein Sieb abgießen, abtropfen lassen und mit dem Kohl in die Pfanne geben und untermischen. Mit Zitronensaft und Salz würzen. Die Dinkelvollkornnudeln mit dem Parmesan bestreuen, abschmecken und servieren.

VOLLKORNNUDELN
MIT ZUCCHINI, PAPRIKA UND FETA

ZUTATEN FÜR 4 PERSONEN

+ **2 Zucchini**
+ **2 Knoblauchzehen**
+ **1 kleine Zwiebel**
+ **1 rote Peperoni**
+ **2—3 EL Olivenöl**
+ **100 ml trockener Weißwein**
+ **400 g Vollkornnudeln**
+ **Salz**
+ **2 EL frisch gehackte Petersilie**
+ **Pfeffer aus der Mühle**
+ **200 g Feta (Schafskäse)**
+ **4 TL getrockneter Oregano**

ZUBEREITUNG

01. Die Zucchini putzen, waschen, längs halbieren und in dünne Scheiben schneiden. Den Knoblauch und die Zwiebel schälen und in feine Würfel schneiden. Die Peperoni waschen und in dünne Ringe schneiden.

02. Das Olivenöl in einer Pfanne erhitzen und die Zwiebel darin anbraten. Den Knoblauch und die Zucchini dazugeben und kurz mitbraten. Das Gemüse mit dem Wein ablöschen und etwa 5 Minuten garen, dabei den Wein verdampfen lassen.

03. Inzwischen die Nudeln in reichlich kochendem Salzwasser nach Packungsanweisung bissfest garen. Die Nudeln in ein Sieb abgießen, kurz abtropfen lassen und mit der Petersilie unter das Gemüse mischen. Mit Salz und Pfeffer würzen und auf vier Teller verteilen. Den Feta über die Vollkornnudeln bröckeln, je mit 1 TL Oregano bestreuen. Die Peperoniringe darauf verteilen und servieren.

ZUCCHINISPAGHETTI
MIT TOMATENSAUCE

ZUBEREITUNG

01. Die Zucchini putzen, waschen, von den Enden befreien und mit dem Spiralschneider in Spaghetti schneiden. Bei der Verwendung eines Julienneschneiders den weichen Innenteil der Zucchini hacken und beiseitestellen.

02. Die Tomaten waschen, halbieren und in kleine Würfel schneiden, dabei die Stielansätze entfernen. Den Knoblauch schälen und hacken oder reiben. Die getrockneten Tomaten fein hacken.

03. Das Olivenöl in einem großen Topf erhitzen und den Knoblauch darin bei mittlerer Hitze kurz andünsten. Die Tomatenwürfel (und ggf. das fein gehackte Innere der Zucchini) dazugeben. Die Sauce mit Rosmarin, Thymian, Oregano, Essig, Meersalz und getrockneten Tomaten würzen und mit geschlossenem Deckel mindestens 10 Minuten leise köcheln lassen.

04. Die Bohnen in ein Sieb abgießen und abtropfen lassen, in einer flachen Schüssel mit einer Gabel zu einer sämigen Masse zerdrücken. Den Bohnenbrei in die Tomatensauce rühren und mit Meersalz und Pfeffer abschmecken. Je nach Säuregrad der Tomaten etwas Ahorn- oder Reissirup dazugeben.

05. Die Zucchinispaghetti auf die Sauce legen und mit geschlossenem Deckel bei mittlerer Hitze 3 Minuten garen, sie sollten noch Biss haben. Die Zucchinispaghetti mit der Sauce vermischen, auf Tellern anrichten und mit Basilikumblättern garniert servieren.

ZUTATEN
FÜR 4 PERSONEN

+ **4 mittelgroße Zucchini**
+ **800 g aromatische Tomaten**
+ **2 Knoblauchzehen**
+ **25–30 g getrocknete Tomaten (ohne Öl)**
+ **1 EL Olivenöl**
+ **½–1 TL fein gehackter Rosmarin**
+ **½–1 TL fein gehackter Thymian**
+ **½ TL fein gehackter Oregano**
+ **1 TL Aceto balsamico**
+ **Meersalz**
+ **250 g weiße Bohnen (aus dem Glas)**
+ **Pfeffer aus der Mühle**
+ **1 TL Ahorn- oder Reissirup**
+ **Basilikumblätter zum Garnieren**

– CLEAN EATING –

SÜSSKARTOFFELSPAGHETTI
MIT PILZEN

ZUBEREITUNG

01. Die Süßkartoffeln waschen, schälen und mit dem Spiralschneider in Spaghetti schneiden. Die Pilze putzen, falls nötig, mit Küchenpapier trocken abreiben und in mundgerechte Stücke schneiden. Die Zwiebel schälen und in feine Würfel schneiden.

02. Vom festen Anteil der Kokosmilch 1 EL in einer Pfanne erhitzen und die Zwiebelwürfel darin bei mittlerer Hitze andünsten. Die Pilze dazugeben und leicht mit Meersalz würzen. Das Zitronengras waschen, längs halbieren und mitdünsten. Knoblauch und Ingwer schälen, in die Pfanne reiben und unter ständigem Rühren 1 bis 2 Minuten mitgaren. Die übrige Kokosmilch angießen. Die Sauce mit Pfeffer würzen und 10 bis 15 Minuten leicht köcheln lassen, damit das Zitronengras sein Aroma entfaltet.

03. Die Süßkartoffelspaghetti in einen Dämpfeinsatz geben. In einem großen Topf wenig Wasser aufkochen, den Dämpfeinsatz hineinstellen und die Spaghetti mit geschlossenem Deckel bei mittlerer Hitze etwa 2 Minuten dämpfen. Alternativ die Süßkartoffelspaghetti 2 Minuten in siedendem Wasser garen, in ein Sieb abgießen und abtropfen lassen.

04. Das Zitronengras aus der Sauce entfernen. Die Süßkartoffelspaghetti unter die Sauce heben und mit Meersalz abschmecken. Die Süßkartoffelspaghetti auf Tellern anrichten und nach Belieben mit Koriandergrün und einer Limettenspalte garniert servieren.

ZUTATEN FÜR 4 PERSONEN

+ **2—3 große Süßkartoffeln (ca. 900 g)**
+ **300 g Pilze (z. B. Shiitake, Austernpilze oder braune Champignons)**
+ **1 Zwiebel**
+ **400 ml Kokosmilch (aus der Dose)**
+ **Meersalz**
+ **4 Stängel Zitronengras**
+ **2 Knoblauchzehen**
+ **1 walnussgroßes Stück Ingwer**
+ **Pfeffer aus der Mühle**

– CLEAN EATING –

PIZZA
MIT RUCOLA

ZUBEREITUNG

01. Für den Teig Hefe, Honig und 50 ml lauwarmes Wasser verrühren und zugedeckt an einem warmen Ort 15 Minuten gehen lassen. Das Mehl mit ¾ TL Salz in einer Rührschüssel mischen. Olivenöl mit 80 ml lauwarmem Wasser verrühren und mit dem Hefeansatz zum Mehl geben. Alles mit den Knethaken des Handrührgeräts auf niedriger Stufe 4 Minuten zu einem weichen Teig verkneten. Den Teig auf höchster Stufe weitere 4 Minuten kneten, auf der bemehlten Arbeitsfläche mehrmals von allen Seiten zur Mitte hin zusammenschlagen und mit einem Küchentuch bedeckt an einem warmen Ort 30 Minuten gehen lassen.

02. Den Teig vierteln. Jedes Viertel auf der bemehlten Arbeitsfläche zu einem 1 cm dicken Fladen ausrollen und auf zwei mit Backpapier begelegte Bleche legen. Mit einem Tuch bedeckt an einem kühlen Ort mindestens 1 Stunde ruhen lassen.

03. Inzwischen für den Belag den Knoblauch schälen und in feine Würfel schneiden. In einer Pfanne 1 EL Olivenöl erhitzen und den Knoblauch darin andünsten. Die Tomaten dazugeben, mit Salz und Pfeffer würzen. Die Sauce bei schwacher Hitze unter gelegentlichem Rühren etwa 30 Minuten sämig einköcheln, dann abkühlen lassen.

04. Den Backofen auf 250 °C vorheizen. Die Artischockenherzen abtropfen lassen, längs in Spalten schneiden. Mozzarella in Stücke schneiden. Den Parmesan in Späne hobeln. Rucola und Mangold verlesen, waschen und trocken schleudern. Basilikum waschen, trocken schütteln, die Blätter abzupfen. Die Teigfladen mit Tomatensauce bestreichen, mit Mozzarella und Artischocken belegen. Die Pizzen im Ofen auf der unteren Schiene etwa 15 Minuten knusprig backen. Vor dem Servieren Rucola, Mangold und Basilikum darüber verteilen. Die Pizzen mit dem übrigen Olivenöl beträufeln, mit Parmesan, Salz und Pfeffer bestreuen.

ZUTATEN
FÜR 2—4 PERSONEN

FÜR DEN TEIG:
+ ¼ Würfel Hefe (ca. 10 g)
+ ½ TL Honig
+ 250 g Dinkelvollkornmehl
+ Salz
+ 3 EL Olivenöl
+ Mehl für die Arbeitsfläche

FÜR DEN BELAG:
+ 1 Knoblauchzehe
+ 3 EL Olivenöl
+ 200 g stückige Tomaten (aus dem Glas)
+ Salz • Pfeffer aus der Mühle
+ 240 g Artischockenherzen (in Salzlake; aus dem Glas)
+ 125 g Büffelmozzarella
+ 50 g Parmesan
+ je 70 g Rucola und Baby-Mangold
+ 1 Bund Basilikum

03

GERICHTE MIT FLEISCH & FISCH

BUNTE MÖHRENSUPPE
MIT PUTE UND KORIANDER-JOGHURT

ZUBEREITUNG

01. Für die Suppe die Möhren putzen und schälen. In ½ cm dicke Scheiben schneiden. Die Zwiebeln schälen und der Länge nach achteln. Den Ingwer schälen und auf der Gemüsereibe fein reiben.

02. In einem Topf 1 EL Kokosöl erhitzen. Die gelben und orangefarbenen Möhren und die Zwiebeln darin andünsten. Den Ingwer hinzufügen und kurz mitdünsten. Mit Orangen-saft und 600 ml Brühe aufgießen. Mit Currypulver würzen und bei niedriger Hitze 15 Minuten köcheln lassen. Die Sahne dazugeben.

03. Inzwischen die violetten Möhren in einem separaten Topf in der restlichen Gemüsebrühe weich garen – so be-halten die anderen Möhren ihre Farbe.

04. Für den Koriander-Joghurt den Koriander waschen und trocken schütteln, die Blätter abzupfen und grob hacken. Mit der Orangenschale und dem Joghurt mischen, mit Salz und Pfeffer würzen.

05. Die Putenbrustfilets waschen, trocken tupfen und in mundgerechte Stücke schneiden. In einer Pfanne das rest-liche Kokosöl erhitzen und die Putenstücke darin rundum goldbraun anbraten. Mit den violetten Möhren zur Suppe geben.

06. Die bunte Möhrensuppe auf vier Teller oder Schälchen verteilen und mit dem Koriander-Joghurt servieren.

TIPP — *Das Putenfleisch können Sie auch prima durch ge-kochte Kichererbsen oder durch Räuchertofuwürfel ersetzen.*

ZUTATEN FÜR 4 PERSONEN

FÜR DIE SUPPE:

+ **300 g Möhren (gelb, orange und violett)**
+ **2 kleine rote Zwiebeln**
+ **1 walnussgroßes Stück Ingwer**
+ **2 EL Kokosöl**
+ **Saft von 1 Orange**
+ **800 ml Gemüsebrühe**
+ **2 TL Currypulver**
+ **200 g Sahne**
+ **300 g Putenbrustfilet**

FÜR DEN KORIANDER-JOGHURT:

+ **5 Stiele Koriander**
+ **abgeriebene Schale von ½ Bio-Orange**
+ **100 g Naturjoghurt**
+ **Salz • Pfeffer aus der Mühle**

ZITRONENHÄHNCHENSUPPE
MIT ROTEM REIS

ZUBEREITUNG

01. Die Zitrone heiß waschen, trocken reiben und achteln. Thymian und Rosmarin waschen. Das Suppenhuhn von innen und außen waschen und den Bürzel entfernen. Die Zitronenachtel, die Kräuter, die Pfefferkörner und das Huhn in einen großen Topf geben, mit Wasser bedecken und etwa 1 Stunde köcheln lassen (das Fleisch soll sich leicht von den Knochen lösen).

02. Inzwischen den Reis nach Packungsangabe garen, abgießen und abtropfen lassen. Den Fenchel und den Sellerie putzen, waschen und in Streifen schneiden. Die Tomaten waschen und in Würfel schneiden, dabei die Stielansätze entfernen.

03. Die Kräuter und das Huhn aus der Brühe nehmen. Die Brühe durch ein feines Sieb mit einem Mulltuch oder Küchenpapier in einen Topf abgießen und etwas einkochen lassen. Das Hühnerfleisch von den Knochen lösen, die Hälfte davon grob in Stücke zupfen, das restliche Fleisch anderweitig verwenden (z.B. für Frikassee) oder einfrieren.

04. Fenchel, Sellerie und Tomaten zur Brühe geben und bei mittlerer Hitze etwa 10 Minuten bissfest garen.

05. Den Reis, das Hähnchenfleisch und die Oliven in der Brühe erwärmen. Mit Salz und Pfeffer abschmecken. Die Zitronenhähnchensuppe auf vier Teller verteilen und servieren.

ZUTATEN
FÜR 4 PERSONEN

+ 1 Bio-Zitrone
+ 3 Zweige Thymian
+ 3 Zweige Rosmarin
+ 1 Suppenhuhn (ca. 1½ kg)
+ 5 weiße Pfefferkörner
+ 50 g Roter Reis (ersatzweise heller Langkornreis)
+ 1 Fenchel
+ 2 Stangen Staudensellerie
+ 2 Tomaten
+ 20 g schwarze Oliven (ohne Stein)
+ Salz • Pfeffer aus der Mühle

TIPP — *Seine Farbe erhält der Rote Reis durch den Anbau auf tonhaltigen Böden. Allerdings ist nur die Außenschicht des Reiskorns rötlich gefärbt. Weil seine schöne rote Schale beim Polieren entfernt würde, wird er nur als Naturreis angeboten.*

HÄHNCHEN-MASALA
MIT BOCKSHORNKLEE

ZUTATEN FÜR 4 PERSONEN

+ **2 Knoblauchzehen**
+ **6 Stiele Minze**
+ **½ Bund Koriander**
+ **1 TL geriebener Ingwer**
+ **4 TL Bockshornkleesamen**
+ **4 EL Essig • 2 EL Öl**
+ **Salz • 2 TL gemahlene Kurkuma**
+ **1 TL Nelkenpulver**
+ **1 TL gemahlener Kardamom**
+ **Fett für die Form**
+ **4 Hähnchenbrustfilets**
  (ohne Haut; à ca. 200 g)
+ **6 Stiele Curryblätter**
+ **4 EL Cashewkerne**

ZUBEREITUNG

01. Am Vortag den Knoblauch schälen und in feine Würfel schneiden. Minze und Koriander waschen und trocken schütteln, die Blätter von den Stielen zupfen und fein hacken. Knoblauch, Minze, Koriander, Ingwer, Bockshornklee, Essig, Öl, ½ TL Salz, Kurkuma, Nelkenpulver und Kardamom im Mixer zu einer feinen Paste verarbeiten.

02. Eine Auflaufform einfetten. Die Hähnchenbrustfilets waschen und trocken tupfen, in mundgerechte Würfel schneiden, mit der Gewürzpaste mischen und in die Form geben. Die Curryblätter waschen und trocken schüt-teln, von den Stielen zupfen und untermischen. Das Hähnchenfleisch zugedeckt über Nacht im Kühlschrank durchziehen lassen.

03. Am nächsten Tag den Backofen auf 180 °C vorheizen. Das Hähnchenfleisch im Backofen auf der mittleren Schiene etwa 35 Minuten garen. Dann den Backofengrill einschalten und das Fleisch noch kurz unter dem Grill braten.

04. Die Cashewkerne in einer Pfanne ohne Fett goldbraun rösten. Das Hähnchen-Masala mit den Cashewkernen bestreut servieren.

HÄHNCHENSPIESSE
MIT HUMMUS

ZUTATEN FÜR 4 PERSONEN

+ 500 g Hähnchenbrustfilet
+ 1 walnussgroßes Stück Ingwer
+ 4 EL geröstetes Sesamöl • 4 EL Sojasauce
+ 2 Bund Petersilie
+ 480 g Kichererbsen (gegart, siehe Tipp S. 34)
+ 4 EL Olivenöl • ca. 200 ml Gemüsebrühe
+ gemahlener Kreuzkümmel
+ Salz • Pfeffer aus der Mühle
+ je 2 TL helle Sesamsamen und Schwarz-kümmel
+ 1,2 kg Gemüse nach Wahl (z.B. Paprika-schote, Möhren, Kohlrabi, Staudensellerie, Salatgurke) • 2 TL Butterschmalz

ZUBEREITUNG

01. Die Hähnchenbrustfilets waschen, trocken tupfen, in Streifen schneiden und wellenförmig auf Schaschlikspieße stecken. Ingwer schälen, fein hacken und mit Sesamöl und Sojasauce in einer flachen Schale mischen. Die Fleischspieße darin marinieren.

02. Für das Hummus die Petersilie waschen und trocken schütteln, die Blätter abzupfen und grob hacken. Kichererbsen, Petersilie, Olivenöl und etwa 100 ml Brühe mit dem Stabmixer pürieren. Dabei je nach gewünschter Konsistenz esslöffelweise mehr Brühe dazugeben. Das Hummus mit Kreuzkümmel,

Salz und Pfeffer würzen und mit Sesam und Schwarzkümmel bestreuen.

03. Das Gemüse putzen und waschen bzw. schälen, in lange feine Streifen schneiden und auf einer Platte anrichten. Die Hähnchen-spieße aus der Marinade nehmen und abtup-fen. Das Butterschmalz in einer Pfanne erhit-zen und die Spieße rundherum bei starker Hitze 2 bis 3 Minuten goldbraun braten. Die Hähnchenspieße aus der Pfanne nehmen und mit den Gemüsestreifen und dem Hummus servieren.

HÄHNCHENNUGGETS
IM PUMPERNICKELMANTEL

ZUBEREITUNG

01. Für den Dip Frühlingszwiebel putzen, waschen und in Ringe schneiden. Den Joghurt mit Frühlingszwiebel, Petersilie und 1 bis 2 EL Zitronensaft verrühren, mit Salz und Pfeffer abschmecken.

02. Für die Nuggets die Hähnchenbrustfilets waschen, trocken tupfen und in jeweils 4 bis 5 Stücke schneiden. Die Eier in einem tiefen Teller mit einer Gabel verquirlen. Das Mehl auf einen flachen Teller geben. Pumpernickel fein hacken oder im Küchenmixer zu Bröseln mixen. Die Pinienkerne ebenfalls fein hacken. Pumpernickel, Pinienkerne und Quinoa-Pops auf einem flachen Teller mischen.

03. Die Hähnchenstücke mit Salz und Pfeffer würzen, zunächst im Mehl wenden, dann durch die Eier ziehen und als Letztes mit der Pumpernickelmischung panieren.

04. Das Öl in einer Pfanne bei mittlerer Temperatur erhitzen und die panierten Hähnchenbrustfiletstücke darin auf jeder Seite goldgelb backen.

05. Für den Salat die Salatblätter waschen und trocken schleudern. Essig mit Brühe, Senf, Agavendicksaft und Olivenöl mischen und mit Salz und Pfeffer würzen. Die Salatblätter kurz vor dem Servieren damit anrichten.

06. Die Hähnchennuggets mit dem restlichen Zitronensaft beträufeln und mit dem Kräuterdip servieren. Den Salat separat dazureichen.

ZUTATEN FÜR 4 PERSONEN

+ 1 Frühlingszwiebel
+ 250 g Naturjoghurt
+ 2 EL gehackte Petersilie
+ Saft von 1 Zitrone
+ Salz • Pfeffer aus der Mühle
+ 4 Hähnchenbrustfilets
+ 2 Eier
+ 3—4 EL Dinkelvollkornmehl
+ 2 Scheiben Pumpernickel (ca. 120 g)
+ 2 EL Pinienkerne
+ 40 g Quinoa-Pops (oder Amarant-Pops)
+ 50 g neutrales Öl oder Butterschmalz
+ 200 g gemischte Salatblätter (z.B. Pflücksalat, Radicchio, Lollo rosso etc.)
+ 4 EL Balsamico bianco
+ 4 EL lauwarme Gemüsebrühe
+ 1 TL scharfer Senf
+ 1 TL Agavendicksaft
+ 3 EL Olivenöl

TIPP — *Die Pumpernickelpanade passt auch ganz wunderbar zu kleinen Kalbs- oder Schweineschnitzeln.*

LAMMLACHS
MIT SÜSSKARTOFFELPÜREE

ZUBEREITUNG

01. Für das Püree die Süßkartoffeln schälen und in grobe Stücke schneiden. Die Möhren putzen, schälen und in dünne Scheiben schneiden. Den Ingwer schälen und fein hacken. Die Süßkartoffeln, die Möhren, und den Ingwer mit den Lorbeerblättern in wenig Salzwasser etwa 20 Minuten zugedeckt weich garen.

02. Inzwischen für das Lamm den Backofen auf 80°C vorheizen. Den Knoblauch schälen. Die Kräuter im Ganzen waschen und trocken tupfen.

03. Das Öl in einer großen Pfanne erhitzen und das Lammfleisch darin mit Knoblauch und Kräutern bei starker Hitze rundum kurz anbraten, sodass es gut gebräunt ist. Dann herausnehmen, in Alufolie wickeln und im Ofen auf der mittleren Schiene etwa 20 Minuten ruhen lassen, das Fleisch sollte danach innen noch rosa sein.

04. Aus dem gegarten Gemüse die Lorbeerblätter entfernen. Dann alles im Topf mit dem Stabmixer fein pürieren, dabei eventuell noch etwas Wasser hinzufügen. Das Süßkartoffelpüree mit Salz und Pfeffer würzen und mit Butter verfeinern.

05. Das Fleisch aus dem Ofen nehmen und aus der Folie wickeln, quer in Scheiben schneiden und mit dem Süßkartoffelpüree servieren.

ZUTATEN
FÜR 4 PERSONEN

FÜR DAS PÜREE:
+ **2 Süßkartoffeln (ca. 400 g)**
+ **300 g Möhren**
+ **1 walnussgroßes Stück Ingwer**
+ **2 Lorbeerblätter**
+ **Salz • Pfeffer aus der Mühle**
+ **40 g Butter**

FÜR DAS LAMM:
+ **4 kleine Knoblauchzehen**
+ **4 Salbeiblätter**
+ **8 Zweige Thymian**
+ **2 kleine Zweige Rosmarin**
+ **4 EL Öl**
+ **700 g Lammlachs**

TIPP — *Süßkartoffeln sind nicht mit Kartoffeln verwandt. Ihr gelbes oder orangefarbenes Inneres unterscheidet sie optisch deutlich von den heimischen Knollen. Die Süßkartoffel wartet mit einem wesentlich höheren Gehalt an Vitamin A und C auf und kann auch roh verzehrt werden.*

GRÜNES CURRY
MIT ZITRONENGRAS

ZUBEREITUNG

01. Das Kalbfleisch zuerst in ½ cm dicke Scheiben, dann in 2 × 4 cm große Stücke schneiden und in einer Schüssel mit 1½ EL Öl mischen. Das Fleisch im Wok in zwei Portionen rundum 1 bis 2 Minuten bei starker Hitze anbraten. In eine Schüssel geben und warm halten.

02. Das restliche Öl im Wok erhitzen. Die Currypaste darin mit dem Palmzucker 1 bis 2 Minuten dünsten. Mit der Kokosmilch ablöschen und aufkochen lassen. Das Zitronengras putzen und die untere Hälfte mit einem Topfboden flach klopfen. Ingwer schälen und in feine Scheiben schneiden. Auberginen putzen, waschen und längs halbieren oder vierteln. Zitronengras, Ingwer und Auberginen in das Curry geben und 5 bis 6 Minuten köcheln lassen.

03. Das Basilikum waschen, trocken schütteln und die Blätter abzupfen. Die Bio-Limette heiß waschen, trocken reiben und in Spalten schneiden, die andere auspressen. Das Fleisch mit dem Limettensaft und den Basilikumblättern zum Curry geben, nicht mehr kochen lassen. Das grüne Curry mit den Limettenspalten und nach Belieben eingelegten Chiliringen servieren. Dazu schmeckt Vollkornreis.

───────

TIPP — Thaibasilikum schmeckt minziger und pfeffriger als unser Basilikum und hat außerdem ein leichtes Anisaroma. Ersatzweise können Sie jedoch auch das herkömmliche Basilikum verwenden.

ZUTATEN FÜR 4 PERSONEN

+ **600 g Kalbfleisch (aus Oberschale oder Nuss)**
+ **2½ EL Öl**
+ **1—2 TL grüne Currypaste**
+ **1 EL Palmzucker**
+ **800 ml Kokosmilch**
+ **3 Stängel Zitronengras**
+ **1 walnussgroßes Stück Ingwer**
+ **300 g kleine Thaiauberginen (oder 1 große Aubergine; in 2 cm großen Würfeln)**
+ **½ Bund Thaibasilikum**
+ **2 Limetten (davon 1 Bio-Limette)**

KOHLRABI-HACKFLEISCH-LASAGNE
MIT FRISCHKÄSE

ZUBEREITUNG

01. Die Kohlrabi putzen, schälen und in 2 bis 3 mm dünne Scheiben schneiden – das geht am besten mit einer Aufschnittmaschine. In Salzwasser 5 bis 7 Minuten garen, abgießen und abkühlen lassen.

02. Inzwischen die Zwiebeln und den Knoblauch schälen und in feine Würfel schneiden. Das Öl in einem Topf erhitzen und das Hackfleisch darin unter Rühren krümelig anbraten. Zwiebeln und Knoblauch dazugeben und kurz mitbraten. Die passierten Tomaten hinzufügen und alles etwa 20 Minuten köcheln lassen. Dann die Bolognese mit Salz, Pfeffer und Majoran würzen.

03. Inzwischen den Backofen auf 200°C vorheizen. Die Milch mit dem Ei und 200 g Frischkäse in einer Schüssel glatt verrühren und mit Salz, Pfeffer und Muskatnuss würzen. Den übrigen Frischkäse unter die Bolognese rühren.

04. Die Kohlrabischeiben abwechselnd mit der Bolognese in eine Auflaufform schichten. Zum Schluss die Lasagne mit der Eiermilch übergießen und im Ofen auf der mittleren Schiene 30 Minuten backen. Die Kohlrabi-Hackfleisch-Lasagne herausnehmen und vor dem Servieren kurz abkühlen lassen.

───────

TIPP — *Der Italo-Klassiker in der Low-Carb-Variante: Hier werden Kohlrabischeiben statt Pasta-Platten mit Bolognese eingeschichtet! Damit landen weniger Kalorien auf dem Teller, aber genauso viel Geschmack!*

ZUTATEN
FÜR 4 PERSONEN

+ **4 Kohlrabi**
+ **Salz**
+ **2 Zwiebeln**
+ **1 Knoblauchzehe**
+ **1 TL Rapskernöl**
+ **400 g Rinderhackfleisch**
+ **500 g passierte Tomaten (aus dem Glas)**
+ **Pfeffer aus der Mühle**
+ **2 TL getrockneter Majoran**
+ **150 ml fettarme Milch**
+ **1 Ei**
+ **400 g Frischkäse**
+ **frisch geriebene Muskatnuss**

HIRSEAUFLAUF
MIT PUTENSCHINKEN UND GORGONZOLA

ZUBEREITUNG

01. Das Olivenöl in einem Topf erhitzen, die Hirse hinzufügen und kurz mit dem Öl verrühren. Die Brühe dazugießen und aufkochen, die Hirse zugedeckt bei schwacher
Hitze 15 Minuten garen.

02. Inzwischen den Mangold putzen, waschen und in
kochendem Salzwasser 1 Minute blanchieren. In ein Sieb
abgießen, kalt abschrecken und abtropfen lassen. Die
Petersilie waschen und trocken schütteln, Blätter abzupfen
und fein hacken. Den Schinken in Streifen schneiden.

03. Den Backofen auf 200 °C vorheizen. Eine Auflaufform
einfetten. Die Hirse in einer Schüssel mit Mangold, Petersilie und Schinken mischen. Die Eier trennen. Die Eigelbe mit
dem Schmand verquirlen, mit Muskatnuss, Salz und Pfeffer
würzen und unter die Hirsemasse mischen. Die Eiweiße mit
1 Prise Salz steif schlagen und den Eischnee vorsichtig
unter die Hirsemasse heben.

04. Die Masse in der Form verteilen. Den Gorgonzola in
Würfel schneiden und darüberstreuen. Den Hirseauflauf
im Ofen auf der mittleren Schiene etwa 20 Minuten garen.
Herausnehmen und vor dem Servieren kurz abkühlen
lassen.

ZUTATEN
FÜR 4 PERSONEN

+ **4 EL Olivenöl**
+ **450 g Hirse**
+ **½ l heiße Gemüsebrühe**
+ **400 g Blattmangold**
+ **Salz**
+ **2 Bund Petersilie**
+ **200 g gekochter Puten-
  schinken (in Scheiben)**
+ **Fett für die Form**
+ **4 Eier**
+ **200 g Schmand**
+ **frisch geriebene Muskatnuss**
+ **Pfeffer aus der Mühle**
+ **300 g Gorgonzola**

KALBSSTEAKS
MIT SÜSSKARTOFFELN

ZUBEREITUNG

01. Ausreichend Salzwasser in einem Topf zum Kochen bringen. Die Süßkartoffeln schälen und im Salzwasser etwa 15 Minuten fast weich garen.

02. Inzwischen den Backofen auf 180 °C vorheizen. Ein Backblech mit Backpapier belegen. Den Quark mit dem Mineralwasser mit einem Schneebesen verrühren. Die Kresse vom Beet schneiden, waschen und trocken tupfen. Die Radieschen putzen, waschen, trocken tupfen und in kleine Würfel schneiden. Drei Viertel der Kresse und die Radieschen unter den Quark rühren, alles mit Salz und Pfeffer würzen.

03. Die Süßkartoffeln aus dem Topf nehmen, sobald sie fast gar und innen noch nicht zu weich sind, und längs in dicke Scheiben schneiden. Die Kartoffelscheiben auf das Blech legen und im Ofen auf der mittleren Schiene noch etwa 15 Minuten backen.

04. Inzwischen die Kalbssteaks auf der Arbeitsfläche auslegen und etwas flacher klopfen. Die Süßkartoffel-scheiben aus dem Ofen nehmen und auf Teller verteilen, nach Belieben mit etwas grobem Meersalz bestreuen und den Quark dazu anrichten. Mit der restlichen Kresse bestreuen.

05. Das Öl in einer Pfanne erhitzen und die Schnitzel darin auf jeder Seite etwa 30 Sekunden braten. Die Kalbsschnitzelchen zu den Süßkartoffelscheiben und Quark auf die Teller geben, mit Salz und Pfeffer würzen.

ZUTATEN
FÜR 4 PERSONEN

+ **Salz**
+ **2 Süßkartoffeln (ca. 800 g)**
+ **500 g Speisequark (40 % Fett)**
+ **2 EL Mineralwasser**
+ **1 Kästchen Gartenkresse**
+ **1 Bund Radieschen**
+ **Pfeffer aus der Mühle**
+ **12 kleine Kalbsrückensteaks (à ca. 40 g)**
+ **4 EL Öl**

ROASTBEEFSALAT
MIT RADIESCHEN UND SESAM

ZUTATEN FÜR 4 PERSONEN

+ **600 g Rinderlende**
+ **Salz • Pfeffer aus der Mühle**
+ **4 TL Rapsöl • 4 EL helle Sesamsamen**
+ **320 g Staudensellerie • 200 g Radieschen**
+ **320 g Salatgurke • 4 Tomaten (200 g)**
+ **120 g Sojabohnen (tiefgekühlt;**
  z.B. Edamame)
+ **120 g Sprossen (z.B. Rettich-, Soja- oder**
  Spargelsprossen)
+ **4 rote Chilischoten • Saft von 2 Zitronen**
+ **4 TL Sesamöl • 4 EL Sojasauce**
+ **2 TL geriebener Ingwer**
+ **einige Korianderblätter**

ZUBEREITUNG

01. Den Backofen auf 100 °C vorheizen. Ein Ofengitter auf die mittlere Schiene und darunter ein Abtropfblech schieben. Das Fleisch mit Salz und Pfeffer würzen. Das Öl in einer Pfanne erhitzen und das Fleisch darin auf jeder Seite 1 Minute anbraten. Aus der Pfanne nehmen, auf dem Gitter im Ofen 25 Minuten rosa garen.

02. Den Sesam in einer Pfanne ohne Fett goldbraun rösten. Sellerie und Radieschen putzen und waschen, die Gurke schälen. Sellerie, Radieschen und Gurke in feine Scheiben schneiden. Die Tomaten waschen und halbieren, dabei die Stielansätze entfernen. Die

Tomatenhälften klein schneiden. Sojabohnen kurz in kochendem Salzwasser blanchieren, in ein Sieb abgießen und kalt abschrecken. Die Sprossen waschen und trocken tupfen.

03. Für das Dressing die Chilischoten längs halbieren, entkernen, waschen und in feine Würfel schneiden. Mit Zitronensaft, Sesamöl, Sojasauce und Ingwer verrühren. Sesam, Sellerie, Radieschen, Gurke, Sojabohnen und Sprossen mit dem Dressing mischen. Koriander waschen und trocken tupfen. Das Fleisch aus dem Ofen nehmen, in dünne Scheiben schneiden und auf dem Salat anrichten. Den Roastbeefsalat mit Koriander bestreuen.

BEEFBURGER
MIT AVOCADOCREME

ZUTATEN FÜR 4 PERSONEN

+ 700 g Süßkartoffeln (geschält)
+ 2 TL Sonnenblumenöl
+ Salz • Pfeffer aus der Mühle
+ 200 g Avocadofruchtfleisch
+ 80 g Süßlupinenmehl • ½ TL Wasabipaste
+ Saft von 2 Limetten • Chiliflocken
+ 20 g helle Sesamsamen
+ 160 g grüne Bohnen
+ 480 g Rinderhackfleisch
+ 4 Vollkorntoastbrötchen
+ 80 g Salatblätter nach Saison (z.B. Rucola, junger Spinat, Portulak, etc.)
+ 150 g Cocktailtomaten

ZUBEREITUNG

01. Den Backofen auf 200 °C vorheizen. Die Süßkartoffeln in Spalten schneiden und mit etwas Öl, Salz und Pfeffer mischen. Auf einem Backblech verteilen und im Ofen auf der mittleren Schiene 20 bis 25 Minuten goldgelb backen. Das Avocadofruchtfleisch mit einer Gabel zerdrücken, mit dem Lupinenmehl, der Wasabipaste und dem Limettensaft mischen. Mit Salz, Pfeffer und Chiliflocken würzen.

02. Den Sesam in einer Pfanne ohne Fett goldbraun rösten. Die Bohnen putzen, waschen und in kochendem Salzwasser 5 Minuten bissfest garen. In ein Sieb abgießen, abtropfen lassen und mit dem Sesam in einer Schüssel mischen. Die Bohnen mit Salz und Pfeffer würzen.

03. Das Hackfleisch zu 1 bis 1½ cm dicken Frikadellen formen und mit Salz und Pfeffer würzen. Restliches Öl in einer Pfanne erhitzen und die Frikadellen darin auf jeder Seite 2 bis 3 Minuten braten. Die Brötchen waagerecht halbieren und die Hälften kurz auf der Schnittseite in der Pfanne anrösten. Salatblätter waschen und trocken tupfen. Tomaten waschen und halbieren. Die unteren Brötchenhälften mit Avocadocreme bestreichen. Die Frikadelle, die Bohnen, die Tomatenhälften, den Salat und die anderen Brötchenhälften darauflegen.

RUMPSTEAK
MIT PETERSILIENPESTO

ZUBEREITUNG

01. Den Backofen auf 85°C vorheizen. Ein Ofengitter auf die mittlere Schiene und darunter ein Abtropfblech schieben. Die Rinderlende mit Salz und Pfeffer würzen. In einer Pfanne 2 EL Öl erhitzen und das Fleisch auf jeder Seite 1 Minute anbraten.

02. Die Rinderlende aus der Pfanne nehmen und auf dem Ofengitter im Ofen 25 bis 30 Minuten rosa garen.

03. Inzwischen den Reis in einem Topf mit der doppelten Menge Wasser zugedeckt bei schwacher Hitze etwa 20 Minuten garen.

04. Die Petersilie waschen und trocken schütteln, die Blätter abzupfen und in kochendem Salzwasser 10 Sekunden blanchieren. Kalt abschrecken, gut ausdrücken und mit Brühe, Walnussöl, Mandeln, Zitronenschale, Senf, Salz und Pfeffer mit dem Stabmixer fein pürieren.

05. Die Pilze putzen, falls nötig, mit Küchenpapier trocken abreiben und in Scheiben schneiden. Das restliche Öl in einer Pfanne erhitzen und die Pilze darin 2 bis 3 Minuten anbraten. Den Reis unterheben, kurz erwärmen und alles mit Salz, Pfeffer und Muskatnuss abschmecken.

06. Den Spinat verlesen, waschen und trocken schleudern. Den Spinat unter den Reis mischen und alles auf einen Teller geben. Das Rumpsteak in dünne Scheiben schneiden, mit dem Petersilienpesto daneben anrichten.

ZUTATEN FÜR 4 PERSONEN

+ **600 g Rinderlende**
+ **Salz • Pfeffer aus der Mühle**
+ **4 EL Rapsöl**
+ **140 g Vollkornreis**
+ **4 Bund Petersilie**
+ **200 ml Gemüsebrühe**
+ **4 EL Walnussöl**
+ **40 g gehackte Mandeln**
+ **2 TL abgeriebene Bio-Zitronenschale**
+ **2 TL Dijon-Senf**
+ **1 kg gemischte Pilze (nach Saison)**
+ **frisch geriebene Muskatnuss**
+ **240 g junger Spinat**

OFFENE FISCHBURGER
MIT AVOCADOCREME

ZUBEREITUNG

01. Den Kabeljau waschen, trocken tupfen und in Würfel schneiden. Die Kabeljauwürfel mit den Eiweißen, Senf und Sojaflocken im Blitzhacker fein hacken und die Masse in eine Schüssel geben. Die Kräuter und die Zitronenschale unterkneten und alles mit Salz und Pfeffer würzen.

02. Die Mangoldblätter putzen, waschen, trocken tupfen und in feine Streifen schneiden. Das Avocadofruchtfleisch mit einer Gabel in einer Schüssel fein zerdrücken. Mit Salz, Pfeffer, Zitronensaft und Chiliflocken würzen.

03. Die Tomaten waschen, halbieren und entkernen, dabei die Stielansätze entfernen. Die Tomatenhälften in Scheiben schneiden. Aus der Fischmasse mit angefeuchteten Händen zwei 1½ cm dicke Burger formen.

04. Das Öl in einer Pfanne erhitzen und die Fischburger darin bei schwacher Hitze auf jeder Seite 2 bis 3 Minuten goldgelb braten.

05. Die Reiswaffeln jeweils mit etwas Avocadocreme bestreichen, mit den Mangoldblättern und Tomatenscheiben belegen. Die Fischfrikadellen darauflegen und die restliche Avocadocreme daraufstreichen. Die Kresse vom Beet schneiden, waschen, trocken tupfen und auf die offenen Fischburger streuen.

ZUTATEN
FÜR 4 PERSONEN

+ **600 g Kabeljaufilet**
+ **4 Eiweiß**
+ **4 TL Dijon-Senf**
+ **120 g Sojaflocken**
+ **4 EL gehackte Kräuter (z.B. Estragon, Petersilie oder Schnittlauch)**
+ **2 TL abgeriebene Bio-Zitronenschale**
+ **Salz • Pfeffer aus der Mühle**
+ **4 Handvoll Schnittmangold (oder junger Spinat oder Portulak)**
+ **320 g Avocadofruchtfleisch**
+ **Saft von 2 Zitronen**
+ **Chiliflocken**
+ **4 Tomaten (200 g)**
+ **4 TL Rapsöl**
+ **8 Reiswaffeln mit Meersalz**
+ **1 Kästchen Gartenkresse**

─────

TIPP — *Für diese Fischburger können Sie alle Arten von Weißfischen verwenden, wie z.B. Dorsch oder Seelachs. Sie sollten immer darauf achten, reife Avocados zu kaufen. Unreife Früchte können daheim nicht wirklich gut nachreifen und verderben oft von innen nach außen.*

LACHSTATAR
MIT AVOCADO

ZUTATEN FÜR 4 PERSONEN

+ 480 g Wildlachsfilet • 4 Schalotten
+ 80 g Kapern • 2 Bio-Limetten
+ 4 EL Olivenöl
+ Salz • Pfeffer aus der Mühle
+ Chiliflocken • ½ TL Currypulver
+ 240 g Avocadofruchtfleisch
+ 320 g kleine Gärtnergurke
+ 120 g Cocktailtomaten
+ 4 TL Balsamico bianco
+ 80 g Sojabohnen (tiefgekühlt; z.B. Edamame)
+ 40 g Cashewkerne
+ einige Halme Schnittlauch
+ 340 g gekochter Vollkornreis

ZUBEREITUNG

01. Den Lachs waschen, trocken tupfen und in feine Würfel schneiden. Die Schalotten schälen und in feine Würfel schneiden. Die Kapern grob hacken. Die Limetten heiß waschen und trocken reiben, die Schale abreiben und den Saft auspressen.

02. Lachsfilet, Schalotten, Kapern, Limettenschale, -saft und 2 EL Olivenöl mischen. Mit Salz, Pfeffer, Chiliflocken und Curry würzen. Das Avocadofruchtfleisch in kleine Würfel schneiden und sofort unter das Tatar heben.

03. Die Gurke waschen und längs in feine Scheiben schneiden. Die Cocktailtomaten waschen und halbieren. Gurke und Cocktailtomaten mit dem restlichen Olivenöl und dem Essig marinieren. Mit Salz und Pfeffer würzen.

04. Die Sojabohnen kurz in kochendem Wasser blanchieren. Die Cashewkerne grob hacken. Den Schnittlauch waschen, trocken tupfen und etwas kleiner schneiden. Das Lachstatar mit dem Gurken-Tomaten-Salat anrichten und mit Sojabohnen, Cashewkernen und Schnittlauch bestreuen. Den Reis dazu genießen.

LACHSFILET
MIT AUBERGINENCREME

ZUTATEN FÜR 4 PERSONEN

+ **2 Auberginen (800 g)**
+ **200 g Frischkäse**
+ **½ TL geriebener Knoblauch**
+ **Salz • Pfeffer aus der Mühle**
+ **500 g Lachsfilet (ohne Haut)**
+ **Currypulver**
+ **400 g Zucchini**
+ **125 ml Gemüsebrühe**
+ **240 g Brunnenkresse (oder Babyspinat)**
+ **4 TL Zitronensaft**
+ **4 TL Rapsöl**

ZUBEREITUNG

01. Den Backofen auf 220 °C vorheizen. Die Auberginen putzen, waschen, auf ein Backblech legen und im Ofen 20 Minuten garen, bis sie weich sind. Herausnehmen, das Fruchtfleisch herauskratzen und mit dem Frischkäse pürieren. Mit Knoblauch, Salz und Pfeffer würzen.

02. Die Backofentemperatur auf 100 °C reduzieren und ein Ofengitter auf die mittlere Schiene schieben. Das Lachsfilet waschen und trocken tupfen. Mit Salz, Pfeffer und etwas Curry würzen. Auf einen Teller geben, mit Frischhaltefolie bedecken und im Ofen 20 Minuten garen.

03. Die Zucchini putzen, waschen, längs halbieren und in ½ cm dicke Scheiben schneiden. In der Brühe 1 bis 2 Minuten dünsten. Mit Salz und Pfeffer würzen.

04. Die Brunnenkresse verlesen, waschen und trocken schleudern. Zitronensaft, Öl, Salz und Pfeffer verrühren und mit der Brunnenkresse mischen. Das Lachsfilet in grobe Stücke zupfen und mit der Auberginencreme, Zucchini und dem Brunnenkressesalat anrichten.

KRÄUTERKABELJAU
MIT QUINOA

ZUBEREITUNG

01. Den Backofen auf 100 °C vorheizen und ein Ofengitter auf die mittlere Schiene schieben. Den Kabeljau waschen und trocken tupfen. Den Fisch mit Salz, Pfeffer und Chiliflocken würzen.

02. Die Kräuter waschen und trocken schütteln, die Blätter abzupfen und die Hälfte davon fein hacken. Den Fisch mit dem Senf bestreichen und mit den gehackten Kräutern bestreuen. Auf einen Teller geben, mit Frischhaltefolie bedecken und im Ofen 20 Minuten garen.

03. Die Quinoa in einem feinen Sieb abbrausen, nach Packungsanweisung in Salzwasser garen und kalt abschrecken.

04. Den Spargel waschen, im unteren Drittel schälen und die holzigen Enden abschneiden. Die Stangen schräg in dünne Scheiben schneiden. Den Kohlrabi schälen und in kleine Würfel schneiden.

05. Das Gemüse in der Brühe zugedeckt 2 bis 3 Minuten bissfest dünsten. Die Quinoa und die Krabben dazugeben und erwärmen. Mit Salz und Pfeffer würzen.

06. Die saure Sahne mit Zitronenschale und -saft verrühren und mit Salz, Pfeffer und Chiliflocken würzen. Das Quinoa-Gemüse mit dem Kräuterkabeljau und dem Dip anrichten und mit den restlichen Kräuterblättern bestreut servieren.

ZUTATEN
FÜR 4 PERSONEN

+ **600 g Kabeljaurücken**
+ **Salz • Pfeffer aus der Mühle**
+ **Chiliflocken**
+ **4 kleine Bund gemischte Kräuter (z.B. Basilikum, Petersilie, Dill, Schnittlauch)**
+ **4 TL grober Senf**
+ **40 g Quinoa**
+ **400 g grüner Spargel**
+ **400 g Kohlrabi**
+ **200 ml Gemüsebrühe**
+ **120 g Nordseekrabbenfleisch (vorgegart)**
+ **160 g saure Sahne (10 % Fett)**
+ **1 TL abgeriebene Bio-Zitronenschale**
+ **4 TL Zitronensaft**

– CLEAN EATING –

04

DESSERTS & GEBÄCK

CLAFOUTIS
MIT PFLAUMEN

ZUBEREITUNG

01. Den Backofen auf 220 °C vorheizen. Die Form (ersatzweise vier flache Portionsformen) mit Butter einfetten. Die Pflaumen waschen, trocken tupfen, längs halbieren und entsteinen. Die Eier trennen.

02. Die Eiweiße mit 1 Prise Salz zu steifem Schnee schlagen, dabei zuletzt den Kokosblütenzucker nach und nach einrieseln lassen und unterschlagen. Die Eigelbe mit dem Mandelmehl, der Stärke und der sauren Sahne in einer Schüssel glatt verrühren. Den Eischnee vorsichtig unterheben.

03. Die Masse in die Form (oder die Portionsförmchen) füllen und glatt streichen. Die Pflaumen mit den Schnittflächen nach unten darauf verteilen. Im Ofen auf der mittleren Schiene etwa 35 Minuten backen. Sollte das Clafoutis gegen Ende der Backzeit zu stark bräunen, eventuell mit Alufolie abdecken.

TIPP — *Je nach Saison und Geschmack können Sie statt Pflaumen auch andere Steinfrüchte wie Kirschen oder Aprikosen verwenden.*

ZUTATEN FÜR 4 PERSONEN

+ **Butter für die Form**
+ **400 g Pflaumen**
+ **3 Eier**
+ **Salz**
+ **2 EL Kokosblütenzucker**
+ **4 EL Mandelmehl**
+ **1 EL Pfeilwurzelstärke (aus dem Bioladen oder Reformhaus, siehe Tipp S. 118)**
+ **200 g saure Sahne**

MOHNCREME
MIT MARINIERTEN WINTERFRÜCHTEN

ZUBEREITUNG

01. Für die Creme die Milch bis auf 3 EL mit Mohn, Vanille-mark, Zimt und Orangenschale in einen Topf geben und kurz aufkochen. Vom Herd nehmen, einige Minuten ziehen lassen und die ganzen Gewürze wieder entfernen. Das Agar-Agar mit der beiseitegestellten Milch verrühren. Die Mohnmilch erneut aufkochen und die Agar-Agar-Mischung mit einem Schneebesen einrühren. Den Quark, den Honig und das Leinöl hinzufügen und alles mit dem Stabmixer oder dem Handrührgerät mixen. Sobald die Masse zu gelieren beginnt, auf dem Herd unter Rühren erneut erwärmen, aber nicht kochen. Die Masse in eine Rührschüssel geben. Die Sahne cremig schlagen und mit dem Schneebesen unter den Mohnquark heben. Die Mohncreme in leicht geölte Portions-förmchen füllen und mehrere Stunden kühl stellen.

02. Für die Früchte die Mandarinen schälen und in die einzelnen Segmente teilen. Von 2 Orangen den Saft aus-pressen. Die restlichen Orangen so großzügig schälen, dass auch die weiße Haut mit entfernt wird, und die Fruchtfilets aus den Trennhäuten schneiden. Die Fruchtfi-lets in einem Sieb abtropfen lassen, den Saft dabei auffan-gen. Die Sternfrucht waschen und in Scheiben schneiden.

03. Die Stärke mit wenig Orangensaft glatt rühren. Zwei Drittel des restlichen Orangensafts in einem Topf auf-kochen und die Stärke nach und nach in den kochenden Orangensaft rühren. Das Vanillemark, den Zimt und den Sternanis hinzufügen. Die Orangensauce 2 bis 3 Minuten sanft köcheln lassen. Vom Herd nehmen, den restlichen Saft und den Honig unterrühren und auskühlen lassen. Mandarinenspalten, Orangenfilets, Sternfruchtscheiben, Kirschen, Mandelkerne und Pistazien unter die Orangen-sauce mischen. Die Mohncreme auf Dessertteller stürzen und die Früchte außen herum verteilen.

ZUTATEN FÜR 4 PERSONEN

FÜR DIE CREME:
+ 80 ml Milch
+ 2 EL gemahlener Mohn
+ 1 Msp. Vanillemark
+ ¼ TL Zimtpulver
+ 1 TL abgeriebene Bio-Orangenschale
+ ½ TL Agar-Agar
+ 250 g Magerquark
+ 80 g Honig
+ 1 EL Leinöl
+ 200 g Sahne
+ neutrales Öl für die Förmchen

FÜR DIE FRÜCHTE:
+ 2 Mandarinen
+ 4 Orangen • 1 Sternfrucht
+ 1 TL Pfeilwurzelstärke (aus dem Bioladen oder Reformhaus, siehe Tipp S. 118)
+ 1 Msp. Vanillemark
+ 1 Zimtsplitter
+ 1 Zacken Sternanis
+ 1–2 EL Honig
+ 2 EL abgetropfte Kirschen (aus dem Glas)
+ 2 EL blanchierte Mandeln
+ 1 EL Pistazien

AMARANT-SCHOKO-BÄLLCHEN
MIT PISTAZIEN

ZUTATEN FÜR CA. 15 STÜCK

+ 60 g ungesalzenes Erdnussmus
+ 50 ml Ahornsirup
+ 1 EL Dattelsüße (aus dem Bioladen oder Reformhaus)
+ 1 EL rohes Kakaopulver
+ 10 g gehackte Pistazien
+ 30 g Amarant-Pops

ZUBEREITUNG

01. Das Erdnussmus mit dem Ahornsirup, der Dattelsüße, dem Kakaopulver und den Pistazien in einer Schüssel mit den Quirlen des Handrührgeräts zu einer cremigen Masse verrühren.

02. Die Amarant-Pops mit dem Teigschaber unterheben, bis sie gut in der Masse verteilt sind. Von der Schokomasse mit einem Ess-löffel portionsweise jeweils eine kleine Menge abnehmen und mit angefeuchteten Händen zu Kugeln formen. Die Amarant-Schoko-Bällchen auf einen Teller legen und für 2 Stunden in den Kühlschrank stellen.

FRUCHTSCHNITTEN
MIT QUINOA

ZUTATEN FÜR CA. 20 STÜCK

+ 60 g Quinoa • 50 g Haferflocken
+ 50 g Dinkelvollkornmehl
+ 50 g gepuffte Getreidekörner
  (z.B. Amarant oder Dinkel)
+ 20 g Erdmandelchips
+ ½ TL Bourbon-Vanillepulver
+ 9 EL getrocknete Beeren nach Belieben
+ 2 reife Bananen (350 g geschält)
+ 2 EL Chiasamen
+ 2 EL Ahornsirup
+ 2 EL mildes Kokosöl
+ Meersalz
+ 2 EL gepuffter Amarant

ZUBEREITUNG

01. Die Quinoa auf einem feinen Sieb abbrausen, in einem Topf in 180 ml Wasser ohne Salz aufkochen und 25 Minuten garen. Die Quinoa auskühlen lassen. Haferflocken, Dinkelmehl, gepuffte Getreidekörner, Erdmandelchips, Vanillepulver und getrocknete Beeren in einer großen Schüssel mischen. Die Bananen mit Chiasamen, 120 ml Wasser, Ahornsirup und Kokosöl im Küchenmixer pürieren.

02. Die pürierten Zutaten mit der Quinoa und 1 Prise Meersalz zu den trockenen Zutaten geben und alles zu einer homogenen Masse verrühren. Den Backofen auf 190 °C vorheizen. Ein Backblech mit Backpapier belegen und die Masse darauf gleichmäßig 1 cm dick verteilen und glatt streichen. Den Teig mit gepufftem Amarant bestreuen.

03. Die Masse im Ofen auf der mittleren Schiene etwa 45 Minuten backen, bis Ober- und Unterseite leicht gebräunt sind. Den Teig mit dem Backpapier vom Blech auf ein großes Schneidebrett ziehen und kurz abkühlen lassen, dann in etwa 4 × 9 cm große Riegel schneiden. Die Fruchtschnitten halten sich in einer Dose im Kühlschrank aufbewahrt 3 Tage. Sie lassen sich außerdem gut tiefkühlen und sind bei Bedarf rasch wieder aufgetaut.

KOKOSEIS
MIT PISTAZIEN

ZUBEREITUNG

01. Die Pistazien in einer Pfanne ohne Fett unter Wenden kurz rösten. Herausnehmen, grob hacken und abkühlen lassen.

02. Die Kokosmilch mit dem Zucker, dem Vanillemark und 1 Prise Salz in einem kleinen Topf verrühren. Alles erhitzen und unter Rühren etwa 5 Minuten leicht köcheln (aber nicht kochen!) lassen. Den Topf vom Herd nehmen. Die Pistazien unter die Kokosmilchmasse rühren und die Masse abkühlen lassen.

03. Die Masse in eine Eismaschine geben und in etwa 25 Minuten gefrieren lassen. Alternativ die Masse in eine Gefrierdose füllen und abkühlen lassen. Die Dose verschließen und etwa 1½ Stunden in das Tiefkühlfach stellen. Die angefrorene Masse kräftig durchrühren. Dann etwa 5 Stunden gefrieren lassen, dabei im Abstand von 30 bis 60 Minuten gut durchrühren, damit sie schön cremig wird.

04. Das Kokoseis zum Servieren bei Zimmertemperatur kurz antauen lassen und mit einem Eisportionierer Kugeln formen. Das Eis hält sich tiefgekühlt mindestens 3 Monate.

TIPP — *Kokosmilch wird aus dem Fruchtfleisch der Kokosnuss hergestellt. Dafür wird das weiße Fruchtfleisch gemahlen und mithilfe einer Presse oder eines Baumwolltuches ausgedrückt. Die daraus entstandene dickflüssige Milch wird dann noch mit etwas Wasser verdünnt.*

ZUTATEN
FÜR CA. 8 PERSONEN

+ **50 g Pistazienkerne**
+ **400 ml Kokosmilch (aus der Dose)**
+ **25 g Kokosblütenzucker**
+ **Mark von ½ Vanilleschote**
+ **Salz**

RHABARBERKUCHEN
MIT KOKOSBAISER

ZUBEREITUNG

01. Den Backofen auf 180°C vorheizen. Für den Haferboden das Kokosöl in einem Topf bei schwacher Hitze
zerlassen. Haferflocken, Kokosraspel, Eiweiß, Honig und
Kokosöl mischen. Die Hafermasse in der Form verteilen
und mit den Händen zu einem gleichmäßigen Boden andrücken. Den Haferboden im Ofen auf der mittleren
Schiene etwa 20 Minuten backen.

02. Inzwischen für die Füllung den Rhabarber waschen,
putzen und in etwa 3 cm lange Stücke schneiden. Die
Rhabarberstücke mit dem Orangensaft und dem Honig in
einem Topf zugedeckt bei mittlerer Hitze 5 bis 10 Minuten
weich dünsten, dabei öfter umrühren. Den Rhabarber mit
einem Schaumlöffel aus dem Topf heben, gut abtropfen
lassen und auf dem vorgebackenen Haferboden verteilen.
Den Kuchen etwa 15 Minuten weiterbacken.

03. Inzwischen für das Baiser die Eiweiße mit 1 Prise Salz
zu sehr steifem Schnee schlagen, dabei am Ende den Honig einfließen lassen und unterschlagen. Die Kokosraspel
dazugeben und vorsichtig unterheben. Die Masse wolken-
artig auf dem Rhabarberbelag verteilen. Den Kuchen etwa
10 Minuten goldgelb fertig backen.

04. Den Rhabarberkuchen aus dem Ofen nehmen und
in der Form auf einem Kuchengitter abkühlen lassen. Dann
aus der Form lösen und mit den Kokoschips bestreut
servieren.

ZUTATEN FÜR
1 SPRINGFORM (26 CM Ø)

FÜR DEN HAFERBODEN:
+ **100 g Kokosöl**
+ **200 g zarte Haferflocken**
+ **50 g Kokosraspel**
+ **1 Eiweiß**
+ **75 g flüssiger Honig**

FÜR DIE FÜLLUNG:
+ **400 g Rhabarber**
+ **Saft von 1 Orange**
+ **75 g flüssiger Honig**

FÜR DAS BAISER:
+ **3 Eiweiß**
+ **Salz**
+ **2 EL flüssiger Honig**
+ **50 g Kokosraspel**
+ **2 TL Kokoschips zum
  Bestreuen**

SCHOKOKUCHEN
MIT ROTER BETE

ZUBEREITUNG

01. Für den Teig den Backofen auf 180 °C vorheizen. Die Form einfetten und mit Haselnüssen ausstreuen. Die Schokolade in Stücke brechen, über dem heißen Wasserbad unter Rühren schmelzen und abkühlen lassen. Die Rote Bete in einem hohen Rührbecher mit dem Stabmixer fein pürieren.

02. Das Rote-Bete-Püree mit Eiern, Ahornsirup und Öl in einer Schüssel verquirlen. Nüsse, Zimt, Backpulver und 1 Prise Salz mischen, zur Rote-Bete-Masse geben und nur so lange unterrühren, bis sich alle Zutaten gerade eben verbunden haben. Die Schokolade kurz unterrühren. Den Teig in die Form füllen und im Ofen auf der mittleren Schiene etwa 35 Minuten backen. Die Stäbchenprobe machen: Wenn an einem hineingestochenen Holzstäbchen kein Teig mehr kleben bleibt, ist der Kuchen fertig. Den Kuchen aus dem Ofen nehmen und in der Form abkühlen lassen.

03. Inzwischen für das Frosting den Joghurt in einem feinen Sieb gut abtropfen lassen. Mit dem Frischkäse in eine Schüssel geben und mit dem Schneebesen glatt verrühren. Den Ahornsirup unterrühren. Bis zur Verwendung kühl stellen.

04. Den Schokokuchen aus der Form lösen und das Frosting wellenartig darauf verteilen. Von der Schokolade mit einem Sparschäler direkt über dem Kuchen kleine Späne abziehen.

ZUTATEN FÜR
1 SPRINGFORM (18 CM Ø)

FÜR DEN TEIG:

+ Fett und gemahlene Haselnüsse für die Form
+ 90 g Zartbitterschokolade (mind. 70 % Kakaoanteil)
+ 225 g Rote Bete (gegart und geschält)
+ 3 Eier
+ 5 EL Ahornsirup
+ 3 EL Sonnenblumenöl
+ 90 g gemahlene Haselnüsse
+ 1 TL Zimtpulver
+ 1 gestrichener TL Weinsteinbackpulver
+ Salz

FÜR FROSTING UND DEKO:

+ 75 g griechischer Joghurt
+ 100 g Doppelrahmfrischkäse
+ 2 EL Ahornsirup
+ ca. 10 g Zartbitterschokolade (mind. 70 % Kakaoanteil)

TIPP — *Achten Sie beim Einkauf darauf: Guter Ahornsirup ist mit „Grad A" oder „Klasse A" ausgezeichnet. Die Qualität erkennt man auch an der Farbe — je heller der Ahornsirup, desto hochwertiger ist die Qualität.*

HIMBEER-BROWNIES
MIT DATTELN

ZUTATEN FÜR 1 BACKFORM (24×24 CM)

+ 100 g weiche Datteln (z. B. Medjool; ohne Stein)
+ Fett für die Form
+ 150 g Zartbitterschokolade (mind. 70 % Kakaoanteil)
+ 125 g Butter
+ 240 g Kichererbsen (gegart, siehe Tipp S. 34)
+ 50 g gemahlene Mandeln
+ 2 EL Carobpulver (aus dem Bioladen)
+ 2 EL Lucumapulver (aus dem Bioladen)
+ ½ TL Weinsteinbackpulver
+ 3 Eier • 50 g Kokosblütenzucker
+ Salz • 250 g Himbeeren

ZUBEREITUNG

01. Die Datteln mit heißem Wasser übergießen und mindestens 1 Stunde einweichen. Den Backofen auf 175 °C vorheizen. Die Form einfetten. Die Schokolade grob hacken und mit der Butter über dem heißen Wasserbad unter Rühren schmelzen. Vom Herd nehmen und etwas abkühlen lassen. Die Datteln und die Kichererbsen in ein Sieb abgießen und abtropfen lassen. Beides in einem hohen Rührbecher mit dem Stabmixer oder im Mixer fein pürieren. Mandeln, Carobpulver, Lucumapulver und Backpulver mischen.

02. Die Eier mit dem Kokosblütenzucker und 1 Prise Salz in einer Rührschüssel mit den Quirlen des Handrührgeräts in etwa 5 Minuten hell-cremig aufschlagen. Die Schokoladen-Butter-Mischung unter ständigem Rühren langsam dazugießen. Erst die Kichererbsenmischung, dann die Mandelmischung dazugeben und beides unterrühren. Die Himbeeren verlesen, waschen, trocken tupfen und zum Schluss vorsichtig unter den Teig heben.

03. Den Teig in die Form füllen und im Ofen auf der mittleren Schiene 30 bis 40 Minuten backen. Die Brownies in der Form auf einem Kuchengitter abkühlen lassen. Anschließend aus der Form stürzen und in Stücke schneiden.

SCHOKOMUFFINS
MIT KIRSCHEN

**ZUTATEN FÜR 1 MUFFINFORM
(12 MULDEN)**

+ **200 g entsteinte Kirschen**
+ **75 g Zartbitterschokolade
  (mind. 70 % Kakaoanteil)**
+ **60 g Mandelmehl • 60 g Kokosmehl**
+ **60 g Buchweizenmehl**
+ **3 EL Kakaopulver • 1 TL Backpulver**
+ **½ TL Natron • 5 EL Kokosblütenzucker**
+ **Salz**
+ **1 reife Banane (geschält)**
+ **2 Eier • 80 ml Öl**
+ **¼ l Milch • Mark von 1 Vanilleschote**
+ **ca. 12 EL geschlagene Sahne**
+ **12 Kirschen mit Stiel**
+ **geraspelte Zartbitterschokolade**

ZUBEREITUNG

01. Den Backofen auf 180 °C vorheizen. In die Mulden der Form je ein Papierbackförmchen setzen. Die gewaschenen Kirschen gut abtropfen lassen. Die Schokolade klein hacken. Mandel-, Kokos- und Buchweizenmehl mit Kakaopulver, Backpulver, Natron, Zucker und 1 Prise Salz in einer Schüssel mischen. Die Banane in grobe Stücke schneiden und mit Eiern, Öl, Milch und Vanillemark in einem hohen Rührbecher mit dem Stabmixer fein pürieren.

02. Die Bananenmischung zur Mehlmischung geben und mit dem Schneebesen nur so lange unterrühren, bis sich alle Zutaten gerade eben verbunden haben. Die Kirschen und die Schokolade unterheben. Den Teig gleichmäßig in die Papierbackförmchen verteilen. Die Muffins im Ofen auf der mittleren Schiene 25 bis 30 Minuten backen. Die Stäbchenprobe machen (siehe S. 112). Aus dem Ofen nehmen und etwa 5 Minuten in der Muffinform abkühlen lassen. Dann herausnehmen und auf einem Kuchengitter vollständig abkühlen lassen.

03. Die Schokomuffins vor dem Servieren jeweils mit etwa 1 EL geschlagener Sahne, 1 Kirsche und dunklen Schokoladenraspeln dekorieren.

KAMUT-BOHNEN-KÜCHLEIN
MIT APRIKOSEN

ZUBEREITUNG

01. Die Chiasamen in einer Schüssel in 2 EL Wasser etwa 15 Minuten quellen lassen, dabei öfter durchrühren. Inzwischen 50 g Kamutflocken im Küchenmixer oder mit dem Stabmixer fein mahlen. Mit den restlichen Kamutflocken und den Haferflocken in eine Schüssel geben.

02. Die Aprikosen in kleine Würfel schneiden, die Paranüsse hacken. Aprikosen, Nüsse, Rosinen, Buchweizenflakes, Zimt, Salz und Backpulver unter die Flockenmischung rühren. Den Backofen auf 180 °C vorheizen. Ein Backblech mit Backpapier belegen.

03. Die Bohnen in ein Sieb abgießen, kalt abbrausen und abtropfen lassen. In einen hohen Rührbecher geben, Dattelsüße, Ahornsirup und Apfelmus hinzufügen und alles mit dem Stabmixer cremig pürieren. Die Bohnencreme mit den Chiasamen zur Flockenmischung geben und mit einem Löffel so lange rühren, bis eine klebrige Masse entstanden ist.

04. Aus der Masse mit angefeuchteten Händen 10 kleine Küchlein formen. Auf das Blech legen und im Ofen auf der mittleren Schiene 20 bis 25 Minuten hell backen. Die Kamut-Bohnen-Küchlein herausnehmen, auskühlen lassen und servieren.

ZUTATEN
FÜR 10 STÜCK

+ **1 TL Chiasamen**
+ **100 g Kamutflocken**
+ **50 g kernige Haferflocken**
+ **4 getrocknete Aprikosen**
+ **4 Paranüsse**
+ **1 EL Rosinen**
+ **20 g ungezuckerte Buchweizenflakes**
+ **1 TL Zimtpulver**
+ **1 TL Salz**
+ **1½ TL Backpulver**
+ **150 g weiße Bohnen (aus dem Glas)**
+ **15 g Dattelsüße (aus dem Bioladen oder Reformhaus)**
+ **30 g Ahornsirup**
+ **60 g ungesüßtes Apfelmus**

TIPP — *Bevor diese leckeren Energieküchlein in den Mund wandern, sollte man sie gut auskühlen lassen — sie speichern die Wärme recht lange. Wer eine glutenfreie Variante möchte, verwendet 150 g glutenfreie Haferflocken statt der gewöhnlichen Hafer- und Kamutflocken.*

KARTOFFELBRÖTCHEN
MIT ESSKASTANIEN

ZUBEREITUNG

01. Die Kartoffeln schälen und fein reiben. Dinkel-, Kastanien- und Mandelmehl mit Backpulver, Pfeilwurzelstärke und Salz in einer Schüssel mischen. Den Dattel- oder Ahornsirup mit dem Mandeldrink in einem Topf lauwarm erhitzen. Die geriebenen Kartoffeln unterrühren. Den Mehlmix mit dem Kartoffel-Mandeldrink mischen und mit den Knethaken des Handrührgeräts zu einem gleichmäßigen Teig verkneten.

02. Den Backofen auf 200 °C vorheizen. Ein Backblech mit Backpapier belegen. Aus dem Teig 10 Portionen abstechen und jeweils mit angefeuchteten Händen zu kleinen Brötchen formen. Auf das Blech legen und die Oberseiten jeweils mit einem Messer etwa 1 cm tief kreuzweise einschneiden. Die Brötchen mit 2 EL Wasser bestreichen und je 5 Stück mit Sonnenblumenkernen und Mohn bestreuen, dabei das Topping leicht andrücken.

03. Die Kartoffelbrötchen im Ofen auf der mittleren Schiene 20 bis 25 Minuten backen. Herausnehmen und auf einem Kuchengitter abkühlen lassen. Lauwarm oder kalt servieren.

TIPP — *Mögen Sie es lieber herzhaft? Dann arbeiten Sie mit dem Salz noch je ¼ TL gemahlene Kümmel-, Fenchel- und Koriandersamen oder 1 TL getrocknete Kräuter in den Teig und bestreichen die Teigrohlinge vor dem Backen mit 2 EL Olivenöl anstelle von Wasser.*
Pfeilwurzelmehl oder -stärke aus der tropischen Arrowroot-Knollenpflanze ist geschmacksneutral und daher im Unterschied zu anderen pflanzlichen Bindemitteln ideal zum Backen.

ZUTATEN
FÜR 10 STÜCK

+ **250 g festkochende Kartoffeln**
+ **150 g Dinkelvollkornmehl**
+ **50 g Kastanienmehl**
+ **200 g Mandelmehl**
+ **2 TL Weinsteinbackpulver**
+ **15 g Pfeilwurzelstärke (aus dem Bioladen oder Reformhaus; siehe Tipp)**
+ **¼ TL Salz**
+ **1 TL Dattel- oder Ahornsirup**
+ **100 ml Mandeldrink**
+ **1 TL Sonnenblumenkerne**
+ **1 TL Mohnsamen**

– CLEAN EATING –

MEHRKORNBRÖTCHEN
MIT ROGGENSCHROT

ZUBEREITUNG

01. Das Dinkelmehl in eine Schüssel geben und eine Mulde hineindrücken. Die Hefe hineinbröckeln, mit dem Reissirup und 5 EL lauwarmem Wasser verrühren. Leicht mit Mehl bestäuben und zugedeckt an einem warmen Ort 10 Minuten gehen lassen.

02. Dann Roggenschrot, Salz, Butter, Kerne und 200 ml lauwarmes Wasser dazugeben und alles mit den Knethaken des Handrührgeräts verkneten. Den Teig zu einem Laib formen, mit Mehl bestäuben und zugedeckt an einem warmen Ort etwa 30 Minuten gehen lassen.

03. Ein Backblech mit Backpapier belegen. Den Teig auf der leicht bemehlten Arbeitsfläche nochmals kräftig durchkneten. Falls er zu weich ist, noch etwas Mehl einarbeiten. Zuerst zu einer Rolle formen, dann in 10 Portionen teilen. Jede Portion mit bemehlten Händen zu einem Brötchen formen, nebeneinander auf das Blech setzen und zugedeckt noch 30 Minuten gehen lassen. Inzwischen den Backofen auf 200 °C vorheizen.

04. Die Mehrkornbrötchen im Ofen auf der mittleren Schiene etwa 20 Minuten backen. Herausnehmen und auf einem Kuchengitter abkühlen lassen.

ZUTATEN
FÜR 10 STÜCK

+ **300 g Dinkelvollkornmehl**
+ **1 Würfel Hefe (42 g)**
+ **1 EL Reissirup (aus dem Bioladen oder Reformhaus)**
+ **Dinkelvollkornmehl zum Bestäuben und für die Arbeitsfläche**
+ **100 g Roggenschrot**
+ **1 TL Meersalz**
+ **2 EL weiche Butter**
+ **50 g gemischte Kerne (z.B. Lein- und Sesamsamen, Sonnenblumen- und Kürbiskerne)**

TIPP — *Die Brötchen eignen sich prima für den Brunch: Sie können den Teig schon am Vortag zubereiten und im Kühlschrank gehen lassen. Am nächsten Tag nur noch die Brötchen formen und frisch backen. Wer mag, bestreut sie vor dem Backen mit Kernen.*

SPROSSEN-SAATEN-BROT
MIT SAUERTEIG

ZUBEREITUNG

01. Am Vortag die Quinoa auf einem feinen Sieb abbrausen und gut abtropfen lassen. Die Quinoa und die anderen Samen und Getreidekörner in einer Schüssel mischen und mit ¼ l kochendem Wasser übergießen. Die Saatenmischung zugedeckt über Nacht (mindestens 12 Stunden) ziehen lassen.

02. Am nächsten Tag den Roggen auf einem Sieb mit kaltem Wasser abbrausen und abtropfen lassen. Die Saatenmischung mit gut 2 EL Gerstenmalzextrakt mischen. Die Hefe in einem Schälchen mit dem übrigen Malzextrakt und 100 ml lauwarmem Wasser verrühren. Beide Mehlsorten, Salz und Sauerteigpulver in einer Rührschüssel mischen (alternativ flüssigen Sauerteig mit der Hefe mischen). Quark, Hefeansatz und 100 ml lauwarmes Wasser dazugeben und alles mit den Knethaken des Handrührgeräts auf niedriger Stufe etwa 4 Minuten verkneten. Den Teig weitere 4 Minuten auf hoher Stufe kneten, dabei esslöffelweise die Saatenmischung und zuletzt den gekeimten Weizen hinzufügen.

03. Den Teig auf der mit Mehl bestäubten Arbeitsfläche zu einer Kugel kneten und mit einem Küchentuch bedeckt etwa 30 Minuten gehen lassen, dabei ein- oder zweimal leicht flach drücken, die Ränder nach innen schlagen und wieder eine Kugel formen. Dann aus dem Teig zwei Laibe formen und mit Mehl bestäuben. Die Laibe auf ein mit Backpapier belegtes Blech legen und mit dem Küchentuch bedeckt weitere 30 Minuten gehen lassen.

04. Den Backofen auf 250 °C vorheizen, dabei ein mit Wasser gefülltes tiefes Backblech mit erhitzen. Das Blech wieder herausnehmen, die Brote sofort auf die mittlere Schiene schieben und 10 Minuten backen. Die Temperatur auf 210 °C reduzieren und die Brote 30 bis 35 Minuten dunkelbraun backen. Herausnehmen und abkühlen lassen.

ZUTATEN FÜR 2 BROTE (JEWEILS CA.18 SCHEIBEN)

+ je 50 g (rote) Quinoa, Sesamsamen, Leinsamen, Kürbiskerne, Sonnenblumenkerne und Hirse
+ 200 g gekeimter Roggen
+ 3 EL Gerstenmalzextrakt (aus dem Bioladen)
+ ½ Würfel Hefe (21 g)
+ 400 g Dinkelmehl (Type 630)
+ 200 g Dinkelvollkornmehl
+ 2 TL Salz (15 g)
+ 10 g Sauerteigextraktpulver (oder 50 g flüssiger Sauerteig)
+ 150 g Magerquark
+ Mehl für die Arbeitsfläche

DINKELBROT
MIT FLOHSAMEN

ZUBEREITUNG

01. Den Backofen auf 180 °C vorheizen. Eine Kastenform (25 cm Länge) mit Olivenöl einfetten. Die Quinoa in einem feinen Sieb gründlich waschen und gut abtropfen lassen. Dann in einer Pfanne ohne Fett leicht rösten. Herausnehmen und etwas abkühlen lassen.

02. Anschließend die Quinoa mit Mehl, Flohsamenschalen, Backpulver, Salz sowie den Kräutern in einer Schüssel mischen. Den Mandeldrink und das Kokosöl dazugeben und alles mit den Quirlen des Handrührgeräts zu einem geschmeidigen Teig verarbeiten.

03. Den Teig in die Brotbackform geben und im Ofen auf der mittleren Schiene etwa 1¼ Stunden backen. Die Stäbchenprobe machen (siehe S. 112). Das Brot aus dem Ofen nehmen und kurz abkühlen lassen, dann aus der Form stürzen und auf einem Kuchengitter vollständig abkühlen lassen.

───────

TIPP — *Das Brot ist super schnell zubereitet und benötigt lediglich etwas Zeit im Ofen. Anstelle des Mandeldrinks können Sie dafür auch andere Milchersatz-Drinks wie Haselnuss-, Hafer-, Dinkel- oder Sojadrink verwenden — je nach individueller Verträglichkeit.*

ZUTATEN FÜR 1 BROT (CA. 14 SCHEIBEN)

+ Olivenöl für die Form
+ 100 g Quinoa
+ 250 g Dinkelmehl (Type 630)
+ 2 TL gemahlene Flohsamenschalen
+ 1½ TL Backpulver
+ 1 TL Salz
+ 20 g gehackte Kräuter (z. B. Oregano, Petersilie, Rosmarin, Thymian)
+ 450 ml ungesüßter Mandeldrink
+ 6 EL Kokosöl

REZEPTREGISTER

– CLEAN EATING –

IMPRESSUM

© **ZS VERLAG**
Kaiserstraße 14b
D-80801 München

ISBN 978-3-89883-646-3
1. Auflage 2016

Projektleitung: Katharina Wolf, Natalia Fischer
Lektorat: ZS-Team
Grafik Design & Artdirection: Seidldesign
Grafik & Satz: Irene Schulz, Kerstin Duben
Herstellung: Frank Jansen
Producing: Jan Russok
Druck & Bindung: Neografia, Martin

Die ZS Verlag GmbH ist ein Unternehmen der Edel AG, Hamburg.
www.zsverlag.de | www.facebook.com/zsverlag

BILDNACHWEIS

Umschlag: Eising Studio|Food Photo & Video: vorne; M. Neubauer: hinten (l.);
M. Schürle/M. Grossmann: hinten (M.); C. Timmann: hinten (r.)
Innenklappe vorne: J.-P. Westermann (02); Stockfood: U. Kerth (01); W. Pfisterer (03); C. Mick (04); Great Stock! (05); Foodcollection (06)
Innenklappe hinten: S. Eising/M. Görlach
Außenklappe: J.-P. Westermann
Innenteil: K. Arras: 19, 109, 111, 113, 114, 115; O. Brachat: 23, 24, 25, 27;
J. Hoersch: 31, 75, 73; S. Knezevic: 2 (o.), 53, 55, 75; Kramp + Gölling: 18, 39,
105; M. Neubauer: 2 (l.), 2 (u.), 11, 12, 13, 41, 119; V. Pachala: 47, 65, 67, 107;
M. Schürle /M. Grossmann: 15, 17, 33, 42, 43, 51, 57, 59, 87, 69, 123; A. Schütz:
7, 21, 37, 77, 106, 117; T. Suedfels: 9, 61, 79, 83, 103; G. Theis: 2 (r.), 45, 88, 89, 91,
92, 95, 96, 97; C. Timmann: 35, 85, 121, 125; J.-P. Westermann: 49, 81; Stockfood: J. Cazals: 76, 78; PhotoCuisine/Thys/Supperdelux: 52; R. Castilho: 63;
Westend61: 62